ENNEAGRAMMA LOVERS

IL TUO ENNEAGRAMMA

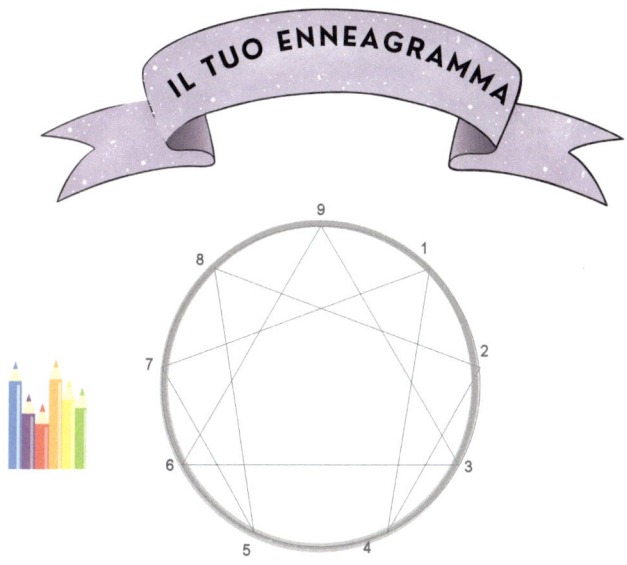

RIPASSA LE LINEE E DISEGNA
IL TUO ENNEAGRAMMA.

Di cosa si tratta?
L'enneagramma è uno strumento psicologico, utilissimo e molto pratico, di sostegno alla conoscenza di sé e alla comprensione degli altri che prevede 9 personalità ben distinte.

Qual è la personalità più bella?
Non è importante quale Base sei o in quale ti riconosci.
Fondamentale è ricordarsi di utilizzare al meglio i propri talenti, grazie ai quali attenueremo le nostre fragilità.

Requisiti?
Nessuno. La giusta curiosità e franchezza per scoprire la propria personalità.

Dico franchezza perchè di fronte ai difetti che troveremo abbinati alla nostra possiile base (personalità) bisognerà avere un po' di autocritica per riconoscersi e soprattutto non escludere quella personalità proprio perché quei difetti non ci piacciono.

INTRODUZIONE

Mi presento, sono Morgana Marchio, naturopata specializzata in cristalloterapia ed insegnante di enneagramma, della quale tengo dei corsi aperti a tutti sia online che dal vivo.
In queste pagine troverai le nozioni base che ti insegneranno le caratteristiche principali degli enneatipi e la dinamicità di questo meraviglioso strumento.

Ho voluto creare degli spazi con esercizi e pagine dove puoi segnare i tuoi appunti presi durante i corsi oppure le tue riflessioni e aggiungere ed aggiornare le informazioni che arriveranno da te.

Durante i corsi ho sempre incontrato persone curiose e pronte a mettersi in gioco che hanno fatto un percorso personale sensazionale, in più ci si confronta e si conoscono persone e grazie a questo vediamo le varie personalità che descriviamo e le reazioni.
Le condivisioni che avvengono durante i corsi ci insegnano più di qualsiasi libro che si possa leggere.

COSA ASPETTARSI DA QUESTA DISCIPLINA:

Imparerai che ognuno di noi è unico e possiede dei talenti e delle qualità preziose da sviluppare.
Tutte le 9 basi hanno delle peculiarità e dei punti deboli.
Conoscerai i comportamenti inconsci che ognuno di noi mette in atto, talvolta inconsapevolmente, che interferiscono positivamente e negativamente nelle nostre rerelazioni.
Imparerai ad osservare i tuoi comportamenti e le tue motivazioni, rendendo il tuo modo di comunicare più efficace.
Riuscirai a gestire i conflitti in modo costruttivo: imparare a dire di no oppure imparare a essere più duttile ad esempio.
Ritrovare la propria personalità tra le 9 descritte sarà vostro compito (autoriconoscimento) vi permetterà di riscoprirvi.

Sarà una lettura divertente ma anche formativa, che semplificherà ulteriormente il modo di apprendere e sviluppare l'etero-riconoscimento.

ETERO-RICONOSCIMENTO: RICONOSCERE LA BASE
DI APPARTENENZA DI UN'ALTRA PERSONA.

ENNEATIPO O BASE: SI INTENDE LA FAMIGLIA
PSICOLOGICA A CUI OGNUNO DI NOI APPARTIENE.

INIZIAMO DA TE

Scrivi 3 aggettivi positivi e 3 negativi
IN MATITA
Userai la matita perchè queste caratteristiche non sono indelebili.

Non sei solo quello che hai scritto e non voglio che ti fossilizzi in queste caratteristiche sia belle che brutte.

Qual è la situazione che eviti di più?

Se potessi scegliere quale talento vorresti?

A quale enneatipo pensi di appartenere?

Quale consapevolezza ti ha aiutato a raggiungere l'enneagramma?

STRUTTURA LIBRO

I capitoli sono suddivisi per enneatipo descrivendo:

- Caratteristiche base

- Totem : Animale totem che grazie a questa analogia ci aiuta a ricordare determinati aspetti della personalità descritta come la farfalla per la base 7 che ci porta alla mente subito leggerezza e libertà.

- Vizi capitali (o passioni) : abbinati uno per ogni personalità. Il vizio è qualcosa che non viene visto esternamente ma nascosto profondamente. Sono pulsazioni che ogni base possiede. Il vizio può essere vissuto come un incubo un atteggiamento o emozione che proprio non si vorrebbe, come per la base 1. Invece per la base 7,8 e 3 viene sminuito e non viene considerato preoccupante ma facendo così, non prendendolo sul serio, non ci si può lavorare.

- Tana del lupo: Ognuno di noi evita una situazione, inconsciamente,che teme. Evitandola però il nostro atteggiamento viene modificato in qualche modo alterato. Come agiremmo se ne fossimo coscienti?

- Talento: I talenti innati e le nostre risorse a volte li diamo per scontati ma attraverso questo strumento apprezzerai cio' che prima non notavi neanche.

- Esercizi pratici per ogni base.

- Abbinamenti con canzoni e film.
  Questi abbinamenti li facciamo per divertirci e dilettarci nel vedere soprattutto nei film i possibili comportamenti.

RICORDA però che i comportamenti non fanno l'enneatipo. Anche sulle canzoni possiamo dire l'enneatipo che potrebbe cantarla, ma necessariamente corrisponde all'enneatipo del cantante perché anche qui non sappiamo **le motivazioni di fondo** che stanno dietro alla persona.

- A fine libro troverai come le basi diventano sotto stress e quando hanno più energia.

Il comportamento non fa l'enneatipo.

IL FOCUS È SEMPRE SULLA MOTIVAZIONE.

ENNEAGRAMMA: COS'È

L'enneagramma, è un mandala, figura geometrica sacra costituito da 9 punti equidistanti.

E' uno strumento di indagine psicologica attraverso la quale è possibile scoprire i comportamenti inconsci che attuiamo comprendendo i meccanismi che li regolano.

Attraverso questa comprensione diventeremo più consapevoli delle nostre azioni e scelte.

Spiega le vere motivazioni dei nostri comportamenti.

Questa tecnica individua 9 tipologie umane, chiamate basi o enneatipo, ognuna ha caratteristici punti di forza e di debolezza.

Ogni persona presenta caratteristiche tipiche di una di queste 9 tipologie, ma mantiene comunque la sua unicità.

Dalla nascita a circa i 18- 24 mesi di vita il bambino riconosce che determinati comportamenti si adattano meglio a fronteggiare la vita e meglio di altre caratteristiche comportamentali per la sua sopravvivenza.

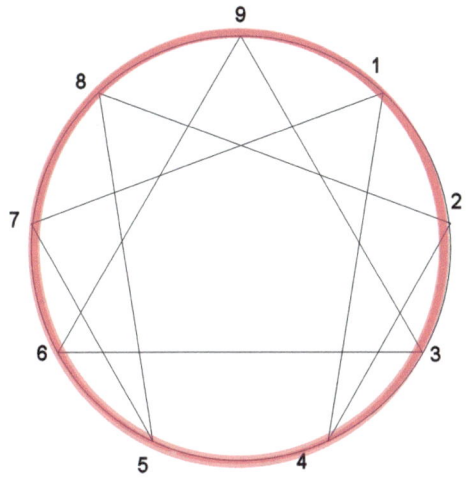

Si nasce con tutte e 9 le tipologie ma l'ambiente esterno ci influenza in tal modo da prediligere un comportamento che dominerà su tutte le altre tipologie, così tanto da "dimenticarle", scegliendo percio' le caratteristiche comportamentali più efficaci in quel determinato momento.

L'ambiente modella un comportamento adatto alle circostanze, di seguito questo modello verrà mantenuto senza che il bambino ormai divenuto adulto possa liberarsene o finché non integrerà le altre tipologie.

Secondo alcune teorie, con le quali personalmente concordo, la personalità si sviluppa già dalla vita prenatale e/o dipende dal karma.

Quest'ultima sostiene che grazie alla personalità la nostra anima riuscirà ad apprendere cio' che "deve" o fare esperienze particolari in questa vita sostenuto dai talenti con cui scende.

COME DIVENTARE UN UNICORNO

È doveroso sottolineare, che non importa a quale base si appartenga.
Non esiste una base migliore di un'altra.
Ma bensì è importante il percorso evolutivo.
Perciò bisogna rendersi conto della propria condizione reale e focalizzarsi sulle qualità positive da far emergere e brillare, allo stesso tempo riconoscere i propri automatismi negativi con un occhio critico, così da riuscire a staccarsi da questi meccanismi ormai fosilizzati in noi.
L'enneagramma ci consente di recuperare i talenti e le caratteristiche positive che appartengono alla base/enneatipo in modo innato.

COMPRENDERE E
CONSAPEVOLIZZARE
PUNTI DI FORZA E DEBOLEZZA E
COMPORTAMENTI INCONSCI.

APPLICARE E OSSERVARSI
E STUDIARE LA DISCIPLINA

DIVENTARE ANCORA PIÙ
MERAVIGLIOSI DI ORA.

ALI E FRECCE

CONNESSIONI TRA PERSONALITÀ

Il mandala dell'enneagramma non solo è un simbolo, forma geometrica sacra ma ancora molto di più.
Uno "yantra" dal sanscrito, significa congegno, un meccanismo in movimento.
Ogni punto del mandala è connesso con altri punti. Ogni Base dialoga con le altre secondo determinati percorsi (connessioni Frecce) e secondo una prossimità (Ali, i numeri vicini), che caratterizzano ulteriormente i membri di ogni tipologia, questo movimento viene chiamato "configurazione".

Parti dal punto 1, se vai in 4 il Secondo Freccia, stai seguendo la direzione della freccia, quando la base si fa trascinare quindi in stress, se dall' 1 vai al punto 7 il Contro Freccia (aspetti positivi).

Guardando l'enneagramma si comprende che la Base 1 è posta fra la 9 e la 2.
Quindi la Base 9 e la Base 2 saranno le sue Ali (i numeri in sua prossimità).
Le connessioni freccia della Base 1, saranno la Base 4 (a cui cede la freccia detto Secondo Freccia)
e la Base 7 (da cui riceve la Freccia o contro Freccia).

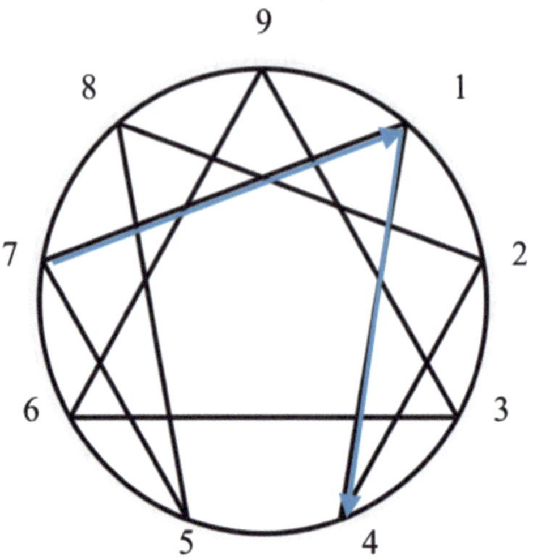

Cosa ti toglie energia ??? *Cosa ti dona energia?*

Osservati quando ti sposti nelle tue frecce. Come sei?

La configurazione prevede che la Base che segue la Freccia acquisisce aspetti negativi di quella tipologia (la Base 1 in stress va in 4 prendendone le caratteristiche negative) e la Base che cede la Freccia acquisisce gli aspetti positivi (la Base 1 energetica va in 7 prendendo aspetti positivi).

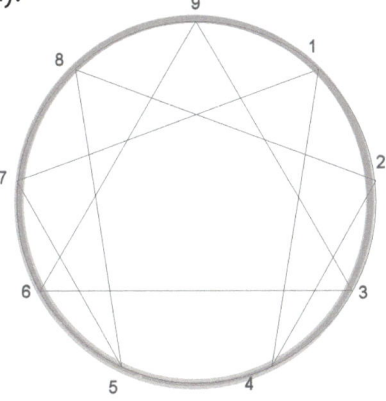

Disegna le tue ali, e le tue frecce.

Scrivi gli aspetti positivi che prendi dalle ali e dal controfreccia. E il negativo del secondo freccia.

*QUESTO ESERCIZIO POSSIAMO FARLO INSIEME DURANTE IL CORSO SULLE ALI E LE FRECCE.

PER OGNI PERSONALITÀ HO MESSO DEGLI ESERCIZI, POTRESTI FARE SICURAMENTE QUELLI DELLA BASE IN CUI TI SEI RICONOSCIUTO E DELLE TUE ALI E FRECCE. OSSERVA QUELLI CON CUI HAI PIÙ FACILITÀ, PIACERE O DIFFICOLTÀ.

ENNEAGRAMMA: ALI E FRECCE

In momenti positivi della vita o in stato energetico alto, abbiamo più facilità ad acquisire i talenti delle nostre ali e del nostro controfreccia. Sotto stress invece rimaniamo incastrati sulla nostra Base senza riuscire ad accedere ai talenti e le positività delle nostre ali e andremo così in negativo seguendo la freccia.

Osservare quando non hai "attive" le ali o il controfreccia oppure quando non fai risplendere il tuo talento è un ottimo esercizio per iniziare.

Quando e se, entrerai nella tana del lupo o cadrai nel vizio capitale, sarà il momento opportuno per riattivare tutto cio' che ti serve per farti uscire dai tuoi automatismi.

BASE 1: ALA 9 E 2
FRECCIA: POSITIVA 7 - NEGATIVA 4

BASE 2: ALA 1 E 3
FRECCIA: POSITIVA 4 - NEGATIVA 8

BASE 3: ALA 2 E 4
FRECCIA: POSITIVA 6 - NEGATIVA 9

BASE 4: ALA 3 E 5
FRECCIA: POSITIVA 1 - NEGATIVA 2

BASE 5: ALA 4 E 6
FRECCIA: POSITIVA 8 - NEGATIVA 7

BASE 6 : ALA 5 E 7
FRECCIA: POSITIVA 9 NEGATIVA 3

BASE 7 : ALA 6 E 8
FRECCIA: POSITIVA 5 NEGATIVA 1

BASE 8 : ALA 7 E 9
FRECCIA: POSITIVA 2 NEGATIVA 5

BASE 9 : ALA 1 E 8
FRECCIA: POSITIVA 3 NEGATIVA 6

ESEMPIO
APPLICAZIONE ALI

Marco è da anni in un azienda di marketing e si occupa sempre delle stesse mansioni, un giorno il capo gli chiede di sostituire un collega di un altro reparto.
Si ritrova ad affrontare un ruolo che non aveva mai svolto prima. Il suo posto abitudinario gli piaceva e lo rassicurava.
Marco è un 6, non ama le novità e davanti a questo imprevisto, si fa prendere facilmente dall'ansia.
Inizia così il suo labirinto di pensieri:
<<Chissà se sarò in grado>>, <<Avrebbe potuto spiegarmi meglio ciò che dovrò fare!>>, <<Non spettava a me, perché ha scelto me?, vuole mettermi in difficoltà!>>.
La persona sopra descritta è in disequilibrio.
Ma potrebbe essere solo il primo momento all'arrivo della notizia che stravolge l'ordinario.
Dopo il suo monologo interiore dove calcola i possibili avvenimenti, (mente analitica della Base 6, affidabile, accetta il ruolo assegnato) decide di prepararsi al meglio (competenza Base 5 - la sua ala introversa), fantastica : << magari ha visto del potenziale in me e vuole darmi una promozione! (entusiasmo base 7 ala estroversa).
Marco è rilassato e consapevole che tutto andrà bene (armonia interiore della Base 9 controfreccia).
La Base 6 è insicura e scettica, è poco fiduciosa di se stessa.
Quando riuscirà ad integrare le altre basi, la sua autostima si alzerà e riuscirà a vedere le opportunità della vita che con il pessimismo non vede.

ALI E FRECCE - IL SAPORE

Nella dinamicità delle Ali esiste un altro aspetto di cui parlare:
Sapore o Nodo di opposizione.
Osservate la Figura, prendiamo in esempio sempre la Base 1.
Le Ali **influenzano positivamente** le caratteristiche della Base è opportuno perciò sapere che abbiamo un' Ala estroversa e una introversa.
Per la Base 1 l'introversa è la 9 ed estroversa è la 2.
Se si è in fase estroversa si userà più un'ala piuttosto che l'altra.
Nella maggior parte dei casi una di queste due è l'Ala dominante. In questo caso accade un'ulteriore dinamica nella configurazione della propria Base: il Nodo di opposizione.
Per individuarlo basta tracciare una linea tra la Base e la sua Ala dominante, si formerà un triangolo isoscele la quale punta cadrà su un'altra Base che rappresenterà il Nodo di opposizione, detto anche "Sapore".

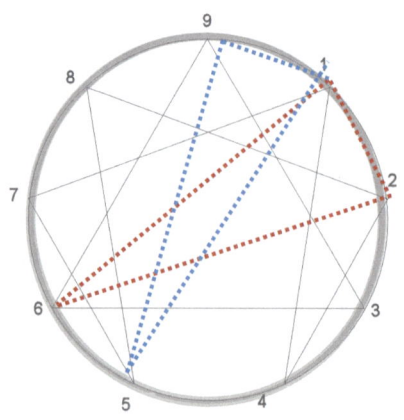

La base indicata influenza il soggetto portandolo a presentare delle caratteristiche di quella personalità.
Per esempio un 1 ala 9 (Ala introversa) creano un triangolo isoscele il cui vertice cadrà in 5. In quei momenti sia la Base 1 che la Base 9 potrebbero essere scambiati con la personalità 5.
Se non si ha l'Ala dominante dipenderà dal momento a seconda di quella che si sta utilizzando (ammesso che si stia utilizzando) se no comunque sarà più rilevante il linguaggio con le Frecce.
Generalmente la prima ala, quella dominante, la sviluppiamo in adolescenza; è possibile però che la vita ci porti a svilupparla prima per necessità.

BASE 1:
1/9 Sapore 5 , 1/2 sapore 6

BASE 2:
2/1 Sapore 6 , 2/3 sapore 7

BASE 3:
3/2 sapore 7 , 3/4 sapore 8

BASE 4:
4/3 sapore 8 , 4/5 sapore 9

BASE 5:
5/4 sapore 9 , 5/6 sapore 1

BASE 6 :
6/5 sapore 1 , 6/7 sapore 2

BASE 7 :
7/6 sapore 2 , 7/8 sapore 3

BASE 8 :
8/7 sapore 3 , 8/9 sapore 4

BASE 9 :
9/8 sapore 4 , 9/1 sapore 5

IL TEST EMOZIONALE

Esegui il test per scoprire a quale Base sei più affine.
Rifletti in modo autonomo su te stesso,
non rispondere in modo razionale.
Rileggila almeno 2 volte.
Bisogna rispondere sinceramente secondo cio'che è dentro di sè.
E' un test ad esclusione, appena ci si riconosce in una frase in modo incondizionato bisogna interrompere la lettura, anche se successivamente potrebbe esserci una delle frasi con cui aderire completamente.

Se volete date alle frasi una percentuale di quanto vi riconoscete (potete segnarla vicino).
Se vi ritrovate al 100%, fermatevi.

*DA LEGGERE INSIEME AD UNA TISANA RILASSANTE.
NON FARLO DI FRETTA SE NON HAI TEMPO FALLO IN UN ALTRO MOMENTO.
C'È SOLO UNA PRIMA VOLTA PER FARLO. FIDATI, IMMERGITI COMPLETAMENTE.

IL TEST EMOZIONALE

Mi piace fare una sola cosa alla volta con calma.
Le cose si fanno bene o non si fanno.

Si: Base 1 Fox Terrier No: prosegui

L'amore è una cosa meravigliosa.
E io so di cosa ha bisogno la persona che amo veramente.

Si: Base 2 San Bernardo No: prosegui

Litigando si tira fuori la verità.
Dopo una bella litigata, mi sento il cuore in pace.

Si: Base 8 Mastino No: prosegui

La mia infanzia è stata pessima.

Si: Base 4 Basset Hound No: prosegui

Io cerco l'autentico e l'assoluto.

Si: Base 4 Basset Hound No: prosegui

Analizzare una cosa che mi piace e studiarla per bene è meglio che stare con gli amici.

Si: Base 5 L'ostrica No: prosegui

Preferisco che la persona che amo, se non è competente, non stia vicino a me, se sto facendo una cosa veramente importante.

Si: Base 3 L'Aquila No:prosegui

Se devo affrontare un nuovo, difficile compito, preferisco pensare prima alle difficoltà e poi alle opportunità.

Si: Base 6 CaneLupo   No:prosegui

Se sono solo e desidero vedere un film, ma piove, voglio uscire e sono tranquillo nella mia casuccia, esco lo stesso.

Si: Base 7 Farfalla   No:Base 9 Delfino

Se vi identificate solo parzialmente in questa frase, o non vi identificate pienamente in nessuna affermazione, appartenente alla Base 9. Questo test è solo indicativo. Ci si avvicina all'autoriconoscimento definitivo con la lettura delle descrizioni delle 9 tipologie.

IL PERFEZIONISTA

Detesto le ingiustizie

Sono critico e autocritico

Sono onesto e buono

Sono preciso

Sono intollerante

Mi impegno molto per raggiungere i miei obiettivi.

ENNEATIPO 1
IL PERFEZIONISTA

CARATTERISTICHE DI BASE

Preciso, meticoloso, ama fare le cose con calma, prendendosi il tempo adeguato per ponderare le decisioni.

La Base 1 è la prima che ci presenta l'enneagramma e ci fa da esempio per iniziare a conoscere le varie personalità.

Proprio come la sua posizione iniziale anche la personalità 1 aspira a fare da esempio con la sua dedizione (al lavoro, ai suoi compiti giornalieri) e il suo impegno.

La Base 1 pretende molto da sè, molto esigente verso gli altri ed in particolare verso sé stesso (se più estroverso sarà esigente ed intollerante verso gli altri se introverso più verso sé stesso).

Focalizza la sua visione su ciò che è giusto e ciò che è sbagliato. Bianco o nero.

Questa propensione e approccio alla vita crea una personalità rigida e inflessibile rendendolo poi debole nel compromesso.

L'1 non sopporta le critiche perché già eccessivamente autocritico, al punto tale da rendere difficile, talvolta, accettare i propri meriti e ricevere i complimenti ma soprattutto fare complimenti agli altri.

Il fox terrier presenta un potente super-io (chiamato "grillo parlante") che lo sprona a non accontentarsi e a puntare al miglioramento.

Denominato "Il Perfezionista", per la sua vocazione a soffermarsi spesso sul dettaglio, "le cose si fanno bene o non si fanno".

Ha un forte ordine mentale che gli permette di assolvere alle sue responsabilità con puntalità. Determinato e fermo, onesto ed etico. Agisce solo quando si sente sicuro della decisione o azione da svolgere.

Il suo timore di sbagliare e questo suo tentennamento nell'agire sono il motivo della lentezza ma ogni cosa deve essere perfetta.

Vorrebbe incarnare gli alti ideali che ha e che cerca anche negli altri.
Vuole essere d'esempio, una persona impeccabile.
È inflessibile.
Non accetta le persone incompetenti, sia sul suo lavoro che nella vita se ricoprono un ruolo che richiede competenze specifiche.

SE SEI GIU DI MORALE, RESPIRA E:
- FAI UNA LISTA
- ORGANIZZA
- ALLENATI
- PRENDITI CURA DI TE

TOTEM

Il totem della base 1 è il fox terrier che simboleggia il cane da caccia. Determinato e focalizzato nel raggiunger l'obiettivo prefissato. "Non torna a casa finchè non ha stanato la volpe". Molto caparbio, va dritto come un treno quando ha preso la decisione e non si fa fermare da nessuno, neanche dalla stanchezza fisica. Non molla mai.

Il fox terrier porta avanti un compito fino alla fine, lo fa in modo perfetto e, piuttosto che rischiare di non fare per bene le cose, rinuncia a priori perché le cose si fanno bene o non si fanno. Anche la struttura ossea di questo totem ci suggerisce qualcosa della personalià.

Dritto e "spigoloso" ci ricorda il nostro 1 che si trattiene e si mostra tutto di un pezzo.

TANA DEL LUPO

La tana del lupo è l'umiliazione.

Per la base 1 è una sorta di competizione con la perfezione, a cui cerca di arrivare e quando non si sente all'altezza, percepisce questa umiliazione per non essere arrivato a ciò che anela.

La vergogna di non aver compiuto quel qualcosa nel modo che si era predisposto, il miglior modo possibile.

Una critica che rivolge a se stesso, un aspro disappunto.

Quale atteggiamento applica questa base per evitare di finire nella tana del lupo?

Evita di sbagliare a tutti i costi.

La strategia vincente sarà essere schematico, studiare, e approfondire con cura prima di agire, sapere con esattezza e valutare la cosa corretta e più giusta da fare.

"Se non sbaglio e sono perfetto nessuno può sgridarmi".

La sua azione, quindi, può risultare agli altri rigida, noiosa, lenta e soprattutto impositiva.

Impositiva nelle idee e nei modi di fare.

Desidera che gli altri si adattino ai suoi ideali e alle procedure considerate da lui più corrette.

Uno dei modi per rilassarsi per un fox terrier è imparare a gestire questo meccanismo.

Disappunto: di·ṣap·pùn·to/
sostantivo maschile
Senso di delusione, per un'improvvisa contrarietà.

TALENTO

Il talento del fox terrier è la precisione, sapersi concentrare sul dettaglio più minuzioso.
Assumersi un incarico e porta a termine in modo esemplare.
Questa base può avere propensione per lavori tecnici o di precisione come l'orefice o il chirurgo o ancora ingegnere.
È un ottimo organizzatore in diversi ambiti, come il lavoro o la gestione del tempo in generale o semplicemente l'organizzazione della casa.

VIZIO CAPITALE

Il vizio della base 1 è l'ira, per questa base è il suo "inferno" perchè quando prova questa emozione prova disagio e vergogna, la rabbia che sale gli fa male non ci "sguazza" come una base 8 ma si giudica e non la esprime se non la ritiene giustificata.

Possono trovare di conforto nel canalizzare l'energia in uno sport o fare passeggiate in mezzo la natura.
Rispetto alle altre basi questo sentimento lo va a trovare più spesso e anche per le cose più piccole.
Questo accumulare rabbia può portarlo a trattenere tensioni causando appunto tensione e rigidità muscolare o cefalee.

ABBINAMENTI

FILM
Il discorso del Re - Giorgio VI (Regia di Tom Hooper 2010) (1 autoconservativo)
Le regole del successo - Adam Jones (Jhon Wells 2015) (1 Sessuale)

CANZONE
Se io fossi Dio - Giorgio Gaber
"Io se fossi Dio
E io potrei anche esserlo
Sennò non vedo chi
Io se fossi Dio
Non mi farei fregare dai modi furbetti della gente
Non sarei mica un dilettante
Sarei sempre presente
Sarei davvero in ogni luogo a spiare
O meglio ancora a criticare
Appunto cosa fa la gente"

CARTONE
Tappo - Winnie the pooh
Pico de paperis

SUPER EROE
Capitan America

CRISTALLI:
Pirite (simile aiuta simile) per lavorare sulla rigidità.
Fluorite per lavorare sull'intolleranza e il compromesso.

Mestiere tipico
Ingegnere
Abbinato a questo mestiere per la accortezza nei dettagli.

Comunicazione
Giudicante ed esprimono opinioni e si focalizzano sul dovere/ il compito piuttosto che sull'emozione. **Tono** Tagliente

Metalinguaggio
Postura rigida, muscoli in tensione.

Si veste in modo formale e curato.
Abbinando possibilmente cintura e scarpe.

Quando vorresti questo enneatipo al tuo fianco?
Se fosse un chirurgo e dovesse farti un'operazione ti sentiresti rassicurato dalla sua diligenza e competenza e attenzione per i dettagli.

Frase tipica "è giusto", "si deve"," Così non va bene".

ASPETTI SUI CUI LAVORARE
Esercizi

Instaurare rapporti.
Tra amici, colleghi, figli o partner soffermati e fai una domanda personale.
Cerca di non focalizzarti su ciò che pensi sia sbagliato ma guarda ciò che è giusto e soprattutto non dirle in modo giudicante, se non richiesto.

Nella vita quotidiana può capitare che qualcuno dica qualcosa sul quale tu non sei d'accordo.
Valuta bene se è necessario correggere la persona o se è meglio salvaguardare l'armonia del momento piuttosto che incalzare e sottolineare lo sbaglio o il tuo disappunto.
Il tuo modo di approcciarti rigido e inflessibile sulle opinioni degli altri influenza in modo negativo le tue relazioni.
Le persone che ti stanno accanto non si sentiranno libere di esprimere le loro opinioni soprattutto perchè spesso percepiscono che a te non interessa.

ASPETTI SUI CUI LAVORARE
Esercizi

Imparare a delegare.
Oggi tra i compiti che ti aspettano delegane 1 o più. Così impari a non caricarti e in più le persone si sentono partecipi ed è un modo anche questo per instaurare rapporti.

to do list

Vibes 1

Film

- [ ] _____
- [ ] _____
- [ ] _____
- [ ] _____
- [ ] _____
- [ ] _____
- [ ] _____

Cartoni

- [ ] _____
- [ ] _____
- [ ] _____
- [ ] _____
- [ ] _____
- [ ] _____
- [ ] _____

La mia playlist

- [ ] _____
- [ ] _____
- [ ] _____
- [ ] _____
- [ ] _____
- [ ] _____
- [ ] _____

- [ ] _____
- [ ] _____
- [ ] _____
- [ ] _____
- [ ] _____
- [ ] _____
- [ ] _____

UTILIZZA QUESTO SPAZIO PER ANNOTARE LE TUE OSSERVAZIONI SU FILM, CARTONI E CANZONI CON PROTAGONISTI ENNEATIPI 1

"POSSO ESSERE
SPONTANEO"

1

COLORA SE SENTI TUA QUESTA FRASE.
QUALSIASI PERSONALITÀ TU SIA.

"STO ANCORA IMPARANDO, VA BENE COMMETTERE ERRORI"

"MI AMO ANCHE QUANDO SBAGLIO"

COLORA SE SENTI TUA QUESTA FRASE.
QUALSIASI PERSONALITÀ TU SIA.

IL DONATIVO

Adoro essere indispensabile

Sogno un rapporto bellissimo

Dolce e affettuoso

Cado sovente nell'invadenza

Eccessivamente fiducioso

Tengo i conti (emotivi)

So essere duro

SHARE

Sono attento alle esigenze degli altri

ENNEATIPO 2
IL DONATIVO

CARATTERISTICHE DI BASE

La personalità 2 è allegra, socievole viene chiamata il donativo o l'altruista, ama stare con gli amici e la famiglia e prendersi cura di loro.

Gentile e generosa, desidera sentirsi indispensabile e creare rapporti di co-dipendenza.

Desidera nel profondo sentirsi importante e insostituibile, ha bisogno di affetto e approvazione.

Brama la riconoscenza e per questo fa di tutto per piacere. In adolescenza spesso è pieno di amici. Ovunque vada crea rapporti e ama far conoscere le persone tra di loro.

In equilibrio non manca mai di sorridere al prossimo, anche uno sconosciuto, chiede sempre come stai, e si ricorda cose della tua vita che neanche tu ricordavi di avergli detto, il nome del tuo cagnolino, l'età di tua figlia, il problema di lavoro, come prendi il caffe etc.

Quando ti saluta aggiunge sempre un augurio: "Ciao, buona giornata" o " buon lavoro".

La sua tendenza è di voler piacere e compiacere l'altro e questo talvolta crea equivoci, questo suo atteggiamento spontaneo, spesso viene scambiato come flirt o dà l'impressione di voler sedurre l'altro.

La richiesta di conferma dell'essere apprezzato può sfociare involontariamente in una tendenza a sedurre la persona a cui sono indirizzate le attenzioni. Non lo fa con malizia ma solo il desiderio di sentirsi amato.

IL TOTEM
Il totem, il San Bernardo, è classico cane da soccorso nell'immaginario collettivo. Amichevole e tranquillo. Sempre pronto ad aiutare con la borraccia di grappa sotto il collo coloro che sono dispersi e congelati in montagna. È molto attaccato al padrone e a tutti coloro che considera "amici".

TANA DEL LUPO
La sua tana del lupo è l'abbandono.
Perciò diventa indispensabile, appare particolarmente compiacente e vizia.
Fin da piccolo, dice a sé stesso che se diventa indispensabile rispetto alla figura di riferimento o al gruppo sociale scelto, non potrà sentirsi solo. Così diventa disponibile e il punto di riferimento.
Cerca di capire le necessità altrui con grande perspicacia, e ci riesce.
Quando viene a mancare l'oggetto d'amore, entra in crisi e può ammalarsi per la mancanza di affetto fino all'ipocondria.
Ideale per questo enneatipo quindi prendersi cura di qualcuno: pet therapy, prendersi cura dei nipoti etc.
Più soddisfa i bisogni degli altri più si sente amato.

TALENTO
Empatia nei bisogni.
Entrare in connessione.
Saper leggere i flussi emotivi.
E' concreto e attento a soddisfare i bisogni degli altri, anche quando non gli viene richiesto.
Nel suo talento sa essere molto pratico.
Se hai un enneatipo 2 al tuo fianco, ti accorgerai che talvolta anticiperà le tue esigenze sorprendendoti, dal soddisfare piccoli desideri come andare ad un concerto, o portarti del cioccolato per tirarti su il morale.
Se perde il talento, può succedere sotto stress, sposta troppo l'attenzione su chi ha intorno e si identifica con ciò che piace agli altri così profondamente da perdere il contatto con la propria identità e bisogni.

VIZIO CAPITALE

Il vizio capitale è la **superbia**, "io so di cosa ha bisogno la persona che amo veramente".

Ed effettivamente è vero. Ma pensa di dover avere un trattamento speciale per l'amore donato e offerto. Quindi quando sbaglia o si lamenta nella sua percezione glielo si deve concedere, "dopo tutto quello che ha fatto lui per te".

Se non sente di essere apprezzato o non si sente abbastanza amato/coccolato cambierà l'oggetto del suo amore. Abbandonando anche bruscamente e velocemente (atteggiamento tendenzialmente inconscio) da un giorno all'altro per esempio il collega preferito con un altro. Lasciando anche i vizi a cui li aveva abituati come portare il caffè o ol cioccolatino post pranzo.

Generoso e in cambio desidera gratitudine.

Vuole sentirsi speciale, ha una intensa emotività che spesso esprime in modo teatrale.

Non riesce a riconoscere i suoi bisogni ed evita di chiedere aiuto, vorrebbe che anche gli altri soddisfassero i suoi bisogni senza doverlo chiedere.

Ma riconoscere i bisogni è il suo talento non quello delle altre basi che in questo avranno più difficoltà.

Per sentirsi libero dalle situazioni in cui si sente indispensabile tenta di far sentire la sua mancanza ma questo può rivelarsi un gioco pericoloso.

ABBINAMENTI

Mestiere tipico: Insegnante d'asilo
Abbinato a questo mestiere per il suo animo gentile e perchè gli piace prendersi cura degli altri.

Comunicazione Dispensa consigli.
Tono Caloroso ed accogliente

Si **veste** come pensa venga apprezzato di più dalla persona che gli interessa "conquistare".

Metalinguaggio
Esprime voglia di tenerezza.
Se possibile si lasciano andare a baci e abbracci.

Quando vorresti questo enneatipo al tuo fianco?
Il Donativo, come già suggerisce il suo nome, si prodiga per gli altri, amerai averlo accanto in un momento di bisogno, per un abbraccio.
È l'amico che vorresti accanto dopo una rottura o una delusione per sentirti coccolato e amato.

Frase tipica
"Hai bisogno?" , "Come posso aiutarti?".

FILM
Andrea Sanches - Il diavolo veste Prada
(2006 di David Frankel)
Giselle - Come d'incanto (2007 di Kevin Lima)

CANZONE
Everything - Micheal Bubblè
As long as you love me - Backstreet boys

Pour que tu m'aime ancore - Céline Dion:
"Mi cambierò in oro perché tu possa amarmi ancora".
Tematica del cambiare per piacere all'altro.

CARTONE
Nonna Papera (2 conservativo)
Jessica Rabbit (2 sessuale)
Anna - Frozen

SUPER EROE
Elasticgirl - Gi incredibili

CRISTALLI:
Quarzo rosa: dona amore e calore.
Quarzo Rutilato: per riconoscere a chi donare amore e ritrovare la propria luce.

La base 2 ama **far sentire gli altri speciali** e per questo memorizza ciò che piace alle persone per lei importanti.

È quel collega di lavoro sempre gentile e disponibile che ti porta i cioccolatini, magari i tuoi preferiti, perché il giorno prima ti ha visto un po' triste ed ha sempre una parola di conforto e che non si dimentica il tuo compleanno.

La nonna che ti prepara il tuo piatto preferito e si ricorda cosa ti piace e non ti piace da mangiare.

Mia nonna per esempio è un enneatipo 2 e si ricorda sempre ciò che amo di più mangiare ma soprattutto prepara sempre un piatto con le zucchine che sono le mie preferite! E ricorda esattamente come tutti quanti noi della famiglia prendiamo il caffè!

Se stai facendo un' attività che ti porta via tempo, della quale non sei più interessata (attività sportiva, club del libro etc.) e lo stai facendo solo per la tua amica, o per le amicizie instaurate, ricorda che è possibile mantenere i rapporti senza obbligarti a fare ciò che non desideri. Puoi mantenere le relazioni al di fuori per esempio organizzando una cena.

ASPETTI SUI CUI LAVORARE

Esercizi

Focalizzarsi su di sé.

Talvolta il 2 è molto impegnato a soddisfare e rendere in qualsiasi modo felice le persone che ama da dimenticare completamente i suoi gusti e desideri.

Scrivi 3 cose che vorresti fare solo per te. Non chiederti con chi farle.

ACCETTA I TUOI SENTIMENTI E COMUNICALI NEL MODO MIGLIORE.

ASPETTI SUI CUI LAVORARE

Esercizi

Prendi appuntamento con te stesso.
Tra i tuoi vari impegni, lavoro, andare da tuo nipote, portare il cane, trovare i nonni, uscire con l'amica che si è appena lasciata, organizzare la festa di compleanno di qualcuno. Ricordati in agenda di :

Monday	Tuesday
me	proud AUNT
Wednesday	Thursday
Friday	Saturday
Sunday	Note
me	

Vibes 2

Film

- [ ] _____
- [ ] _____
- [ ] _____
- [ ] _____
- [ ] _____
- [ ] _____

Cartoni

- [ ] _____
- [ ] _____
- [ ] _____
- [ ] _____
- [ ] _____
- [ ] _____

La mia playlist

- [ ] _____
- [ ] _____
- [ ] _____
- [ ] _____
- [ ] _____
- [ ] _____

- [ ] _____
- [ ] _____
- [ ] _____
- [ ] _____
- [ ] _____
- [ ] _____

LOVE

2

"SONO ABBASTANZA PER TUTTO CIÒ CHE DESIDERO, ME LO MERITO"

COLORA SE SENTI TUA QUESTA FRASE.
QUALSIASI PERSONALITÀ TU SIA.

Be Kind

"POSSO ESSERE TENERO NEL MIO CUORE E FERMO SUI CONFINI"

COLORA SE SENTI TUA QUESTA FRASE.
QUALSIASI PERSONALITÀ TU SIA.

IL PRAGMATICO

Trovo facilmente soluzione ai problemi

La bugia talvolta funziona

Sono ottimista, energico

Posso essere ossessionato dal lavoro o progetti personali

Sono efficiente, sono competitivo

Devo vincere "costi quel che costi...."

FOCUS

Non basta partecipare, devo arrivare primo.

ENNEATIPO 3
IL PRAGMATICO

CARATTERISTICHE DI BASE

La base 3 chiamato il pragmatico, l'efficiente, l'esecutore o anche il manager tutti questi nomi indicano la sua efficacia nel trovare velocemente soluzioni ai problemi di qualsiasi genere.

È di buona compagnia, sicuro di sé, ha un'alta autostima ed è volitivo.

E' attento al fatto che un lavoro sia eseguito nel modo prefissato ed entro i tempi previsti.

Sa focalizzarsi bene su un compito e ha una lista di grandi e piccoli obiettivi da raggiungere. Concluso uno, passa subito all'altro.

Gli piace emergere ed è molto competitivo.

Se la competizione della base 1 è rivolta essenzialmente verso sé stesso, quella della base 3 è basata più sugli altri.

Se siete in dubbio su questa base, basta chiedere come eravate da piccoli, se non eravate per niente competitivi probabilmente è da escludere.

Determinato e intraprendente, sa vendersi bene e sottoporsi a sacrifici necessari (studio, allenamenti) per migliorarsi e diventare così il numero 1, desidera ardentemente emergere e fa di tutto per vincere.

È molto dedito al lavoro, un grande stacanovista, ma crede comunque nella frase "minimo sforzo, massima resa".

Si può spingere fino a stancarsi fisicamente e non accorgersi dei campanelli d'allarme fisici.

È un ottimo motivatore, stimolante per il team. Versatile ed adattabile, sa essere flessibile e programmare con praticità e realismo un piano di lavoro. Predilige ed è più portato per i progetti a breve termine.
Sa interpretare il ruolo necessario per raggiungere il risultato.
Non percepisce i suoi difetti ne i suoi limiti ne' altrettanto bene i sentimenti altrui.
La sua tendenza è di mettere da parte il cuore pur di ottenere un ruolo professionale prestigioso o di illuminare la sua immagine.

Si immedesima al 100% con il ruolo che desidera avere, (medico, insegnante, moglie, avvocato) qualsiasi esso sia, e cercherà di sottolineare questo ruolo e i suoi risultati ad ogni occasione.
Ha bisogno di far capire gli svariati obiettivi da lui conseguiti e darà all'esterno un'immagine di successo.
Solo ad amici fidati racconterà i suoi fallimenti e i suoi problemi lavorativi, ma questo in realtà è fondamentale nell'amicizia perchè si mostrerà vero e rafforzerà il rapporto.

Più di tutto desidera che voi riconosciate il suo successo.

COMPETIZIONE

È **competitivo**: tra amici spesso si gioca a carte, a calcetto balilla, giochi da tavola o qualsiasi sport/gioco. Ebbene la base 3 tendenzialmente è bravo in tutto perché per indole si impegna e arriva al suo obiettivo. Per lui è impensabile perdere. Difatti, non si unirà alla partita, a meno che che non abbia capito il funzionamento.

Ricordo un mio zio di base 3 che iniziò a giocare solo dopo un paio di giri dall'inizio delle partita. Dopo aver osservato da lontano il gioco e averlo capito veramente bene.

In squadra è un ottimo motivatore, è un bravo leader e compagno. Non ve lo consiglio come avversario: è veramente super tosto!

Se vincerà in squadra sarà la vittoria migliore di sempre e ne parlerà volentieri.

Se perde in modo entusiasta e vivace dirà:

"è stata una vittoria a metà, la prossima volta andrà meglio!" "E' tutta esperienza!".

TOTEM

L'aquila è un rapace e rappresenta un soggetto che sceglie una preda sicura, centra l'obbiettivo e porta a casa il risultato per riprendere la caccia.

Il 3 infatti è camaleontico, si adegua facilmente alle circostanze e alle richieste dell'ambiente esterno.

La sua grande abilità nell'adattarsi alle situazioni e "trasformarsi' diventando diverso a seconda dell'ambiente circorcostante lo rende duttile e flessibile, in alcuni libri viene abbinato anche al camaleonte.

TANA DEL LUPO

La sua tana del lupo è il disprezzo.

Desiderio di fondo: essere benvoluto, cerca un feedback positivo, approvazione e riconoscimento dall'ambiente esterno.

Lo si può vedere nella sua attenzione per l'aspetto fisico così da essere ben visto o diventare molto competente nel suo lavoro e ostentare qualsiasi studio e attestato. Si presenta brillante (e lo è).

Desidera illustrare al mondo le sue qualità e ci tiene che vengano viste e notate così da poter talvolta anche suscitare invidia. E' abituato a ricevere amore per quello che fa e non per quello che è.

In un gruppo di amici, il 3 **vorrà spiccare,** lo farà attraverso il suo entusiasmo e alla sua brillante parlantina, rendendosi piacevole agli occhi del gruppo.

A lungo andare noterete che il castello di doti e talenti che ha eretto con parole sceltissime, si sgretolerà , e di tutto ciò che aveva acclamato su se stesso ne rimarrà poco.

Un esempio pratico: può presentare un curriculum con i fiocchi, e poi scoprire che sa fare metà di ciò che ha scritto. Però si presenterà in modo brillante e professionale, quindi potreste comunque valutarlo per il lavoro per cui si è presentato.

TALENTO

Realizzazione: Capacità unica di realizzazione in qualsiasi impresa.

Concretezza - praticità.

Sapersi adattare in modo efficace ed efficiente, sa lavorare molto duramente per l'obiettivo che si è proposto o per raggiungere posizioni di leadership.

Sa ascoltare le opinioni degli altri, lavora bene in un team. Escogita le tattiche migliori per conseguire la vittoria.

VIZIO CAPITALE
Eccessiva attenzione al feedback esterno, attenzione maniacale a come viene percepito all'esterno.

Il vizio capitale dell'aquila è la vanità, non intesa come vestirsi bene, anche se ovviamente ci può tenere.

Vanità intesa come vano-sé.

L'interpretazione dei vari personaggi cui da vita che poi sono vuoti in fondo, vuoti e non autentici.

È la necessità di avere l'approvazione e l'accettazione dagli altri e ciò genera il ricorso prima all'autoinganno e poi eventualmente alla menzogna pur di restare all'altezza dell'opinione altrui.

Ma la base 3 si identifica con ciò che fa e/o il ruolo che ha scelto ed è qui l'autoinganno.

"Io sono quel personaggio".

Colui che inganna per apparire come l'altro si aspetta che sia.

LE PERSONE SPESSO TROVANO PIÙ SIMPATICO IL PERDENTE CHE COLUI CHE VINCE.
ORA, SAPENDO QUESTO, TROVA UNA VIA DI MEZZO CHE TI POSSA PIACERE.

ABBINAMENTI

Mestiere tipico: Manager d'azienda.
Per la sua spiccata qualità di riuscire a sottolineare la bellezza di un prodotto e la sua praticità ed efficienza.

Comunicazione : Promuove (anche il caffè che beve al mattino!)
Tono: energico, vivace.

Si **veste** alla moda, o nel modo più adeguato alla situazione.

Metalinguaggio:
Lo sguardo è diretto e desidera attirare l'attenzione. Il sottotipo più estroverso (interpersonale) sembra che gridi "guardami".
Tengono indietro le spalle.
Piacevoli di aspetto, curati.

Quando vorresti l'enneatipo 3 al tuo fianco?
Come capo per motivarti e spronarti!
Come compagno di lavoro, ma nello stesso team!
Quando hai bisogno di risolvere una situazione in modo veloce!

Frasi: cosa vinco? Prossima sfida?

FILM
Mission impossible - Ethan Hunt (1996 diretto da Brian De Palma)
Ricatto d'amore - Margaret Tate (2009 di Anne Fletcher)

CANZONE
Applause - Lady gaga
"Vivo per gli applausi, vivo per gli applausi
Vivi per il modo in cui fai il tifo e gridi per me".

Billionaire - Bruno Mars
"Ogni volta che chiudo gli occhi
Vedo il mio nome scritto con luci brillanti
Una città diversa ogni notte
giuro che è meglio che il mondo si prepari
per quando sarò miliardario".

CARTONE
Tiana - da ascoltare canzone "Ce la farò" (principessa e ranocchio)
Buzz lightyear

SUPER EROE
Iron man / Tony stark

CRISTALLI:
Quarzo rosa: entrare in contatto con i propri sentimenti
Giada: aiuta a non strafare.

ASPETTI SUI CUI LAVORARE

Esercizi

Celebra le tue vittorie.
Prima di progettare nuovi obiettivi da raggiungere. Festeggia e congratulati per i risultati che hai raggiunto.

■ ■ ■ ■ ■ ■ ■ ■ ■ ■ ■ ■ ■ ■ ■

Fermati.
Non sovraccaricarti di lavoro ed impegni.
Prenditi del tempo per rilassarti, per rigenerarti.
Puoi andare a farti fare un massaggio, dal parrucchiere o leggere un libro. Scegli tu l'importante è non arrivare stremato a fine settimana/mese.

RESULTS

Vibes 3

Film

- [ ] _____
- [ ] _____
- [ ] _____
- [ ] _____
- [ ] _____
- [ ] _____
- [ ] _____

Cartoni

- [ ] _____
- [ ] _____
- [ ] _____
- [ ] _____
- [ ] _____
- [ ] _____
- [ ] _____

La mia playlist

- [ ] _____
- [ ] _____
- [ ] _____
- [ ] _____
- [ ] _____
- [ ] _____

- [ ] _____
- [ ] _____
- [ ] _____
- [ ] _____
- [ ] _____
- [ ] _____

SONO SPLENDENTE
ANCHE QUANDO
NON MI
MOSTRO AGLI
ALTRI.

3

I can & I will

COLORA SE SENTI TUA QUESTA FRASE.
QUALSIASI PERSONALITÀ TU SIA.

LE MIE VITTORIE PICCOLE E GRANDI

SONO ORGOGLIOSO DEI MIEI RISULTATI

COLORA SE SENTI TUA QUESTA FRASE.
QUALSIASI PERSONALITÀ TU SIA.

L'ORIGINALE

Sono un gran sognatore

Cerco cio' che è autentico

Sono unico e diverso

Spesso mi capita di sentirmi incompreso

Sogno spesso qualcosa che è lontano

Detesto il grigiore quotidiano

FIND TRUTH

Mi è capitato di pensare al senso della vita.

ENNEATIPO 4
L'ORIGINALE CREATIVO

CARATTERISTICHE DI BASE

La base 4 è unica e in questa unicità trova conforto, valore e identità; questa sua caratteristica lo fa sentire però incompreso perché troppo diverso dagli altri.
Sono persone con una profonda sensibilità ed emotive.
Se non ascoltassero queste loro emozioni non si sentirebbero veri e autentici e l'autenticità è fondamentale per la base 4; per loro sentirsi unici e autentici è essenziale.
Stravaganti, amano l'insolito e l'eccezionale.

Non tollera la banalità e l'ordinarietà. Amano avere la possibilità di poter esprimere la loro originalità e creatività.
Se è costretto a vivere nell'**ordinarietà** e se introverso tenderà a entrare in crisi emotiva e trattenere, mentre se estroverso tenderà a infuriarsi facilmente, risultando, quindi, umorale.
E' difficile vivere in un presente ordinario e si rifugiano in un passato o in un futuro idealizzato.
E' attento a quello che manca nella sua vita e cio' che non ha.
Sensibili al dolore altrui, dimenticando sé stessi per prestare aiuto empatico, ha una speciale resistenza per stare vicino ad amici in momenti di crisi.

Diverso anche quando non c'è bisogno.
Da sapere che viene spesso chiamato bastian contrario.
Se tutti scelgono di fare un'attività, il 4 stai sicuro che vorrà sceglierne un'altra, giusto per il gusto di andare contro corrente, questo è più evidente nel 4 estroverso.
Se tutti hanno la divisa bianca lui ce l'ha nera, oppure la modifica come meglio crede, non è pensabile di essere uguale a qualcun altro.
Una particolarità che ho notato in questi anni, ogni 4 è diverso tra loro.
E quando scopre di essere un 4 è l'unico enneatipo che non sarà felice di esserlo.
Se ne uscirà fuori dicendo che lui è il decimo enneatipo (che non esiste!). Pian piano che finalmente consapevolizza che è effettivamente così speciale come sempre si è sentito lo accetterà magari anche volentieri.

UTOPIA
u·to·pì·a/
Quanto costituisce l'oggetto di un'aspirazione ideale non suscettibile di realizzazione pratica.

TOTEM
Il basset hound è un cane particolare, diverso da tutti gli altri, ha un muso malinconico, sa essere affettuoso e molto tranquillo. Ma essendo molto caparbio e testardo può azzannare.

TANA DEL LUPO
La sua tana del lupo è l'omologazione (il rifiuto di appartenere a un coro), vuole evitare la possibilità di risultare ordinario e uguale agli altri. E' inaccettabile far parte di un gruppo dove non ho la mia identità. Qui la ricerca di un hobby particolare, un lavoro che farà in modo diverso e originale mettendoci sempre la sua unica inimitabile impronta.
Così, per evitare ciò, mette in atto delle strategie inconscie, ad esempio spesso potrebbe ritrovarsi a far il bastian contrario, rendendo cose semplici complicate.
Talvolta questa sua tendenza puo' farlo apparire snob ed egocentrico.

Il 4 manifesta un meccanismo interessante detto "push and pull", cioè quando manca l'autenticità c'è l'allontanamento da sentimenti, cose e persone.
Nelle fasi introverse tale sentimento resta nascosto e crea un vuoto come "un buco nella pancia" mentre nelle fasi estroverse condiziona una reazione emotiva calda che investe l'altro in maniera violenta.

VIZIO CAPITALE

Il vizio del 4 è l'invidia, nel senso di **eccesso di introspezione**, una perdita, un vuoto, un abisso interiore che deve riempire e può perdersi nelle proprie emozioni senza troppa concretezza e perdendo di vista la realtà e soprattutto i sentimenti altrui.

Appare anche, a una visione superficiale, una certa connotazione da "aristocratico in esilio", un certo snobismo.

A volte è talmente preso dai suoi sentimenti da non riuscire a metterli da parte per comprendere quelli degli altri, e qui perde il suo talento di empatia. Usano spesso termini come "me", "io", "il mio" o espressioni come "questo me lo merito" o "mi tratti male".

TALENTO

Unicità e Creazione.

Il 4 è spesso malinconico e quando arriva questa forma di tristezza, la abbraccia, trovandovi una fonte di creatività.

Il talento, l'originalità creativa, consiste nella capacità di indagare e trovare sempre vie nuove di fronte alle normali soluzioni con particolare gusto per il senso estetico. Capacità innata di saper creare dal nulla.

Esprimono il loro senso di originalità manifestando una forte sensibilità anche nell'abbigliamento, nell'arredo degli ambienti in cui vivono e nel loro modo di fare, che può sembrare elitario.

ABBINAMENTI

Mestiere tipico
Attore di teatro, artista in generale.
Scrittore, pittore, poeta etc.
Per lo spiccato senso artistico e emozioni traboccanti.

Comunicazione
Parla di sentimenti e non di pensieri razionali.
Tono: carico di emozioni, emotivo.

Si **veste** nel modo in cui si sente più autentico e vero, autoreferenziale.

Metalinguaggio:
Sguardo espressivo. Talvolta incalzante o malinconico.
Gli occhi possono essere lucidi.

Quando vorresti questo enneatipo al tuo fianco?
Quando hai bisogno di qualcuno che sa stare al tuo fianco in un momento difficile, in silenzio senza giudizi.

Frasi Tipiche: "Non so se mi capisci", "Non so se riesco a spiegarmi", "Mi sento ..."

FILM
Il diavolo veste prada - Miranda (2006 Regista: David Frankel) (4 sottotipo interpersonale)
TELEFILM
Vanya/Viktor (Umbrella accademy 2019 ideata da Steve Blackman)

CANZONE
Rehab - Amy winehouse
Rien de rien Edith Piaf - " Tout ici est calme et banal".

Almeno tu nell'universo - Mina :
" tu che sei diverso, almeno tu nell'universo".

Shake the disease - Depeche mode :
"understand me"

CARTONE
Remi -Ratatouille
Lilo - Lilo e stich

SUPER EROE
Wanda Maximoff

CRISTALLI
Ossidiana fiocco di neve: simile cura simile.
Ogni sua macchietta bianca a forma di fiocchetto di neve è completamente diversa l'una dall'altra, unica e irripetibile.
Corniola: ispira realismo e motivazione.

ASPETTI SUI CUI LAVORARE

Esercizi

Creare il tuo spazio sacro.
Creare uno spazio che ti faccia sentire accolto, capito e sostenuto.
Uno spazio con ciò che ami, con le immagini e foto che più ti piacciono. Uno spazio che ti ispiri.
Anche piccolino l'importante è creare un luogo per te.

Cose essenziali che vorresti nel tuo spazio

-
-
-
-
-

Sognare ma con i piedi per terra.
Sognare e creare è il talento del 4. Però qui sulla terra ci vuole un pò di praticità quindi grazie anche all'ala 3 possiamo diventare più concreti.
Crea dei rituali per rimanere focalizzato e meno dispersivo.
Questo ti farà sentire soddisfatto.

Vibes 4

Film

- [ ] _____
- [ ] _____
- [ ] _____
- [ ] _____
- [ ] _____
- [ ] _____

Cartoni

- [ ] _____
- [ ] _____
- [ ] _____
- [ ] _____
- [ ] _____
- [ ] _____

La mia playlist

- [ ] _____
- [ ] _____
- [ ] _____
- [ ] _____
- [ ] _____
- [ ] _____

- [ ] _____
- [ ] _____
- [ ] _____
- [ ] _____
- [ ] _____
- [ ] _____

È POSSIBILE SENTIRE E PERCEPIRE SENZA FARMI TRAVOLGERE.

COLORA SE SENTI TUA QUESTA FRASE.
QUALSIASI PERSONALITÀ TU SIA.

LOVE yourself

Do it ·F·O·R· yourself

COLORA SE SENTI TUA QUESTA FRASE.
QUALSIASI PERSONALITÀ TU SIA.

L'OSSERVATORE

Amo la mia privacy

Tendo a essere misantropo

Sono selettivo

Evito le intrusioni nella mia vita privata

Sono sempre informato su tutti

Non amo avere troppa gente intorno

TOP SECRET

Se mi chiedete cosa sento, vi rispondo cosa penso.

ENNEATIPO 5
L'OSSERVATORE

CARATTERISTICHE DI BASE

L'osservatore è un buon ascoltatore ma non sa altrettanto bene parlare di sé.

Osservatori, autosufficienti, amano la loro tranquillità e i loro spazi.

Ama la privacy e non gradisce le persone invadenti.

Tende ad isolarsi, ma non gli sfugge nulla di ciò che accade intorno a lui. Questa base è comprensiva, aperta, tollerante e ricettiva ed è animata da un forte interesse verso tutto ciò che lo circonda.

E' interessato ai fatti, i numeri e i dettagli.

Ha di solito un'intelligenza sorprendente, ma non ama mettersi in mostra, anzi evita sempre di attirare l'attenzione, preferendo non farsi coinvolgere troppo.

Adora la vita appartata e anche quando ricopre un ruolo professionale prestigioso mantiene una posizione di controllo a distanza, delegando agli altri i rapporti sociali.

Spesso da piccolo, l'osservatore, ricorda di aver subito l'invadenza di genitori troppo presenti o ha ricevuto scarse attenzioni, così è cresciuto con la sensazione di essere costantemente in balia degli altri, sviluppando l'idea che solo ritirandosi in un cantuccio protetto può vivere indisturbato.

Il 5 è di solito un tipo introverso ma sa essere anche un chiacchierone se lo sai catturare intellettualmente.

LA SELETTIVITÀ.

Se hai un amico con questa personalità sappi che ci tiene molto alla sua privacy, è probabile che non conoscerai altri suoi amici (un paio o altri tre massimo).

Questo succede per diversi motivi, uno potrebbe essere che semplicemente non ci ha pensato, oppure preferisce tenere le due amicizie separate e così anche le varie attività che fa lo sono.

Come si comporta un coinquilino 5?

Sicuramente sa con chi esci, chi frequenti, cosa studi, ma difficilmente uscirà dalla sua stanza a salutare i tuoi amici. Se invece è un tuo collega se è estroverso ci chiacchierai anche e lui saprà tutte le informazioni "importanti" su di te.

TOTEM
L'ostrica che sta in fondo al mare, rimane giusto aperta per poter osservare ciò che è il suo ambiente circostante, senza mostrarsi.
Ma rimanendo sapientemente socchiusa e non è possibile vederne la perla al suo interno.

TANA DEL LUPO
La sua tana del lupo è la ricattabilità emotiva cioè preferisce "fare a meno" e persino mentire piuttosto che farsi ricattare.
Riducendo così al minimo le conoscenze e i contatti esterni rende la possibilità di essere "ricattato" veramente bassa.
Vuole restare indisturbati, indipendente, senza aver bisogno degli altri.
Predilige poche persone scelte accuratamente.
Di conseguenza l'atteggiamento inconscio lo rende estremamente selettivo e sovente poco socievole.

Alcune ostriche ricordano l'eccessiva invadenza da parte dei genitori.

TALENTO
Conoscenza e approfondimento.

Sa essere veramente competente: nel suo campo analizza e studia la disciplina in ogni piccolo dettaglio, sviscerandolo da ogni lato.

Non sopporta parlare a un pubblico disinteressato o non abbastanza competente e che quindi non capirebbe.

"Non si danno perle ai porci".

E' un ottimo osservatore e vede nell'ambiente cose che agli altri sfuggono.

VIZIO CAPITALE
Il vizio del 5 è l'avarizia, nel senso di non concedersi se non a persone molto selezionate.

Non concedere le sue informazioni ad esempio, le sue attenzioni.

Non amano intromettersi nella vita altrui e assolutamente non amano che gli altri si intromettino nella loro.

La componente emozionale è poco espressa.

Il desiderio di pace e isolamento può creare eremiti fino alla misantropia.

Il 5 ricorre alla razionalità pensando però troppo e agendo scarsamente.

Si apre solo con persone ritenute da lui discrete e affidabili.

ASPETTI SUI CUI LAVORARE

Esercizi

Pensare troppo.
La tendenza del 5 è pensare troppo per poi non agire nel concreto.
Quando succede che non riesci a non pensare troppo, esci e vai a fare una passeggiata anche se pensi che sia inutile.
Prenditi cura del tuo corpo, non trascurarlo. Alimentazione, estetica e fisico.

Instaura rapporti.
Esci dal tuo guscio, portati fuori, inizia parlando con i colleghi o chi incontri quotidianamente.

Pensiero ad azione.
Facciamo qualcosa di manuale. Perciò prendi una ricetta, una ricetta che probabilmente sai ma che non ti sei mai messo in prima persona a fare.
Ora è il momento di provarci.

ABBINAMENTI

Mestiere tipico
Bibliotecario, scienziato, commercialista.
Dove vige silenzio, competenza e privacy.

Comunicazione
Parla di ciò che pensa, in modo preciso e atono, pensieri razionali. Talvolta prolisso
Tono: Atono, magari anche monotono.
Scelgono i termini con cura.

Si **veste** in modo pratico, senza dargli troppa importanza. Possono essere trasandati e non fare un controllo sui dettagli.

Metalinguaggio: La mimica facciale è ridotta al minimo. Puo' esprimere poco calore.
Parlare tanto e stancare l'interlocutore o poche parole senza farsi capire affatto.

Quando vorresti questo enneatipo al tuo fianco?
Quando hai bisogno di qualcuno che sa ascoltarti o per analizzare meticolosamente qualcosa che riguardi una delle sue discipline predilette.

Frase tipica
"Non si danno le perle ai porci", "meglio soli che mal accompagnati", "faccio una ricerca riguardo".

FILM
The imitation game -Alan Turing
(Morten Tyldun 2014)
L'ultima offerta - Virgin Oldman
(Giuseppe Tornatore 2013)
TELEFILM
La regina degli scacchi - Beth (2020 di Scott Frank)
The big bang theory - Sheldon
(dal 2007 Diretto da Mark Cendrowski)

CANZONE
The Big Bang Theory Sigla
The sound of silence (brano di Simon & Garfunkel)

CARTONE
Edna - Gli incredibili
Archimede pitagorico (di Topolino)

SUPER EROE
Dr Strange.

CRISTALLI
Chiastolite: La pietra per persone selettive e misantrope.
Calcedonio azzurro: per migliorare la comunicazione.

Vibes 5

Film

- [ ] _____
- [ ] _____
- [ ] _____
- [ ] _____
- [ ] _____
- [ ] _____

Cartoni

- [ ] _____
- [ ] _____
- [ ] _____
- [ ] _____
- [ ] _____
- [ ] _____

La mia playlist

- [ ] _____
- [ ] _____
- [ ] _____
- [ ] _____
- [ ] _____
- [ ] _____

- [ ] _____
- [ ] _____
- [ ] _____
- [ ] _____
- [ ] _____
- [ ] _____

Sono indipendente

"ANCHE QUANDO CHIEDO AIUTO"

COLORA SE SENTI TUA QUESTA FRASE.
QUALSIASI PERSONALITÀ TU SIA.

"LA CONDIVISIONE MI RENDERÀ ANCORA PIÙ INFORMATO"

Oggi parlando con… _____
Ho scoperto nuove informazioni su…

_____

Oggi parlando con… _____
Ho scoperto nuove informazioni su…

_____

COLORA SE SENTI TUA QUESTA FRASE.
QUALSIASI PERSONALITÀ TU SIA.

IL LEALE

Da solo sono prudente o aggressivo

Sono scettico

Onesto, corretto e affidabile

Sono un amico leale

Sono un calcolatore

Sono gentile e cordiale

Sono dubbioso

DANGER

MAKE SAFE

Chiedo conferma su tutto.

ENNEATIPO 6
IL LEALE

CARATTERISTICHE DI BASE

Affidabile (chiamato così in alcuni libri), socievole, sociofilo, ha un forte spirito di gruppo, in cui si identifica e ama farne parte.

Corretto, divertente e anche schietto.

Ha un grande senso del dovere, sa sacrificarsi per progetti comuni, è disposto a lavorare sodo, specialmente se a dirigerlo sono persone che stima.

È attento alle regole che ha condiviso e accettato e detesta chi le infrange.

E' gentile ma attento e vigile, si rilassa se si sente al sicuro e senza possibili minacce.

Non ha fiducia nelle proprie capacità, ed è insicuro.

Ha paura del successo e per evitarlo chiede a sè stesso cose impossibili e se ha successo lascia i meriti agli altri. Il successo è per lui fonte di conflitto e di pericolo, perché costituirebbe una responsabilità maggiore il suo mantenimento.

Nell'infanzia del 6 c'è un'impevidibilità di atteggiamenti da parte dell'esterno o hanno subito rabbia da parte dei familiari ma senza aver capito le cause e senza che nessuno gliele chiarisse, questo lo rende in allerta e amante della trasparenza e rifugge l'ambiguità (tana del lupo).

Spaventato dalla possibilità di essere ferito, il 6 ha sviluppato un atteggiamento ambivalente verso l'autorità per cui o la accetta o si ribella.

FOBICO E CONTROFOBICO

La personalità del tipo 6 può svilupparsi secondo due direzioni fra loro contrapposte, una "fobica", che porta ad essere prudente, timido e l'altra "contro fobica", che spinge ad essere aggressivo ed estroverso.

Comunque la maggior parte dei 6 oscilla fra questi due comportamenti a seconda dell'età, dell'educazione, delle circostanze e delle necessità, anche nello stesso giorno.

TOTEM

Il cane lupo rappresenta il classico cane da difesa, attento, responsabile, fedele e potenzialmente aggressivo solo con chi merita.

Ama stare in gruppo e averne uno di riferimento dove tornare per confrontarsi e cercare rassicurazione.

Vuole essere circondato da persone trasparenti e coerenti per evitare la sua tana del lupo.

Dona fedeltà in cambio di sicurezza.

TANA DEL LUPO

Il tipo 6 detesta l'ambiguità, che è la sua tana del lupo, le situazioni non chiare, poco trasparenti o poco decifrabili.

Infatti si sente rassicurato da regole chiare e precise.

Desidera legami solidi e rapporti affidabili, e spesso preferisce definire i ruoli nelle relazioni, anche confrontarsi e dirsi che non si è ancora in un situazione definita o precisa, è comunque un definirsi.

Vuole evitare situazioni dove potrebbero indurlo in trappola (magari colleghi particolarmente ambiziosi), percorsi devianti, rimproveri e messaggi contrastanti.

Non gli piace essere redarguito, soprattutto il 6 più controfobico.

La tana del lupo della base 6 crea un atteggiamento percepito dagli altri come pessimista, vigilante (perchè non si fida) ma anche imprevedibile.

TALENTO

Perseveranza - Affidabilità.

Anticipano i possibili problemi.

E' il più abile a scovare trucchi ed errori in un progetto o in un programma.

Sa intuire ciò che bolle in pentola.

Il 6 ricorda avvenimenti del passato perchè la memoria del passato è importante per la sicurezza di oggi.

E' affidabile e compie sempre i suoi doveri.

Il suo talento è la perseveranza, non molla mai.

Calcolare e anticipare:

Se sei una base 6, amerai organizzare meticolosamente la giornata, ma soprattutto anticipare i possibili problemi.

Se devi perdere il treno arriverai in anticipo, per evitare coda allo sportello per il biglietto, sempre che tu non l'abbia già acquistato online.

Avrai portato dietro il necessario per qualsiasi eventualità, il carica batterie, l'ombrello (hai controllato le previsioni meteo), fazzoletti, snack.

Hai un esame? Non porterai solo una penna ma almeno 2, sia mai che si scarichi.

VIZIO CAPITALE

Il suo vizio capitale è la paura.

Paura che da un momento all'altro possa capitare qualcosa di pericoloso.

La creazione di più possibilità mentali e piani d'azione rende la tipologia 6 più tranquilla nell'affrontare un evento.

Prevedere ogni tipo di pericolo ed imprevisto li tranquillizza perché così si sentono pronti a qualsiasi avvenimento.

Solo quando percepiscono di avere il controllo riescono a rilassarsi.

Il tipo 6 pensa talmente tanto a come andrà un evento che lo rende particolarmente agitato, da ripercorre i possibili avvenimenti mentalmente così intensamente che al momento reale gli sembra di averlo già vissuto.

Sotto stress possono diventare controllanti, inflessibili, sarcastici e sospettosi.

ASPETTI SUI CUI LAVORARE

Esercizi

Placa il labirinto di pensieri.
Quando sei preda dei tuoi pensieri, "e se poi succede questo.." "e se..", "era meglio che dicevo/facevo".
Agisci.
Inizia a trascrivere le azioni da fare e inizia subito a farle.

TO DO

ASPETTI SUI CUI LAVORARE

Esercizio per riavvicinarsi al talento

Ascoltati.

La base 6 ha un grande intuito, ma con i suoi dubbi e paure ha difficoltà a credere in se stessa e non riesce ad ascoltarsi.

Esercitati quando hai dubbi ad ascoltare la tua guida interiore.

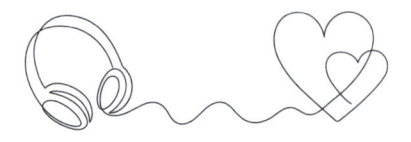

ABBINAMENTI

Mestiere tipico
Militare : regole chiare e precise, dove tutti le seguono con rigore.

Comunicazione
Si confronta.
Tono: in una modalità vagamente preoccupata.
Fobico: frenato -
Controfobico: spavaldo.

Si **veste** nel modo più adeguato alla circostanza.
Si informano.

Metalinguaggio: gentili ma vigili.
Sguardo sifdante (controfobico), affettuoso ed empatico. (fobico).
In allerta e il corpo risponde ai minimi stimoli (di eventuali pericoli).

Quando vorresti questo enneatipo al tuo fianco?
Per analizzare una situazione da più punti di vista, e anticipare problemi. Vedere i pro e contro di una situazione.

Frase tipica
"Fidarsi è bene, non fidarsi è meglio".
"L'importante è saperlo prima".

FILM
Provaci ancora Sam - Sam (1972 di Hernert Ross / Woody Allen)
Braveheart - Cuore impavido (1995 di Mel Gibson)

CANZONE
Paranoid - Jonas brother
Una vita da mediano - Ligabue

CARTONE
Mulan - Disney
Paura - inside out - Disney
Woody - Toy story - Pixar

SUPER EROE
Ant man - Marvel studios

CRISTALLI:
Il simile è il granato: dona perseveranza e la capacità di vedere piani alterativi.
La pietra dei guerrieri.
Quarzo ialino: dona chiarezza e dissolve la confusione.

Vibes 6

Film

- [ ] _____
- [ ] _____
- [ ] _____
- [ ] _____
- [ ] _____
- [ ] _____

Cartoni

- [ ] _____
- [ ] _____
- [ ] _____
- [ ] _____
- [ ] _____
- [ ] _____

La mia playlist

- [ ] _____
- [ ] _____
- [ ] _____
- [ ] _____
- [ ] _____
- [ ] _____

- [ ] _____
- [ ] _____
- [ ] _____
- [ ] _____
- [ ] _____
- [ ] _____

YOU ARE BRAVE

I CAN DO EVERYTHING

COLORA SE SENTI TUA QUESTA FRASE.
QUALSIASI PERSONALITÀ TU SIA.

MI FIDO DI ME E DEL MIO INTUITO.

I believe in me

COLORA SE SENTI TUA QUESTA FRASE.
QUALSIASI PERSONALITÀ TU SIA.

L'ENTUSIASTA

Sono allegro ed energico

Mi piacciono le novità

Non amo la parte noiosa di un lavoro.

Mi piace semplificare le cose

Lascio sempre più opportunità aperte

Non ci sono limiti

ENTHUSIASM

Se do il consenso ad un progetto intendo inseguirlo finché mi diverte.

ENNEATIPO 7
L'ENTUSIASTA

CARATTERISTICHE BASE

Brillante, si mostra allegro e chiaccherone.

Ama stare in compagnia e fare ciò che lo rende felice.

È entusiasta, ama la vita e le nuove esperienze.

Adora parlare di tutto ciò che ha fatto e ciò che ha in mente di fare. Desidera avere programmi e già solo pensare di attuarli lo rende felice, non è detto che poi li realizzi.

Ama la vita e godersi l'attimo fuggente.

In equilibrio è grato anche delle piccole cose, della luce del sole durante una camminata, del sorriso dei bambini, della rugiada sui fiori, del vento tra i capelli. (Oh,vita! Canzone di Jovanotti).

Sa vedere il lato positivo anche quando le cose non vanno come progettate. Troverao esercizi dedicati a questa tematica.

Viene chiamato eterno Peter Pan perchè anche da adulto ama giocare e divertirsi e talvolta non ha per niente voglia di crescere.

La sua capacità di meravigliarsi in modo quasi infantile, di adattarsi alle novità, rendono questa base un amico prezioso in grado di far dimenticare qualsiasi dissapore.

Non ama parlare di cose brutte. Quando la persona che gli sta accanto in quel momento ha un problema la tendenza è volerlo risolvere al più presto così da tornare tutti quanti a sorridere. Questo lo fa apparire invadente, ma anche superficiale perché può farlo in modo sbrigativo, oppure può farlo sembrare altruista e generoso perché si interessa.

TOTEM

Il totem della farfalla rappresenta un soggetto spensierato e leggero, simpatico e brillante, che ama la vita e ama farla godere agli altri.
Succhia il nettare di un fiore ma già pianifica lo spostamento per cogliere altre delizie passando da un fiore all'altro, da un'idea all'altra velocemente.

TANA DEL LUPO

Evita le limitazioni, la sua tana del lupo, e fare una scelta definitiva potrebbe esserlo. Quindi decide di non limitarsi tenendo aperte tutte le possibilità.
Scegliere un lavoro sapendo che può cambiare in futuro. Studiare per diventare un professionista in un settore ma interessarsi anche ad altro.
Predilige i lavori autonomi, ma non anela al successo come il 3. L'importante è svolgere una o più attività interessanti e possibilmente divertenti.
Desidera sentirsi libero, di scegliere, di fare, di provare, di sbagliare se necessario.
Ma comunque gli piace sentire sostegno e la presenza senza invadenza. Se no scappa.
Per evitare la tana del lupo la base 7 tenderà a cambiare obiettivi per noia e sarà sempre alla ricerca di nuove esperienze.
Questi comportamenti lo faranno apparire volubile e inaffidabile.

TALENTO

Portare gioia.
Ama parlare, socializzare e tenere banco.
Ama la vita e ama farla godere agli altri.
Vede facilmente gli aspetti positivi di una situazione e sa cogliere e creare opportunità.
Riesce ad ottenere ciò che vuole con astuzia, simpatia.

VIZIO CAPITALE

Il suo vizio capitale è la gola, non si accontenta mai di ciò che ha, cerca sempre qualcosa di più.
Il vizio capitale lo porta a sentirsi insoddisfatto.
Cerca così di accumulare più esperienze possibili ma dimenticando o evitando di andare in profondità.
Può seguire sempre obiettivi diversi proprio per avere sempre nuove esperienze da fare.
"Quello che ho non basta, si può esplorare ancora e ancora".
Contrariamente a quanto si potrebbe pensare, il 7 non è stato un bambino felice e spesso ha fatto esperienze difficili che ha preferito dimenticare spostando l'attenzione sui ricordi piacevoli dell'infanzia.
Teme la ripetizione del dolore
e per evitarla utilizza i suoi
numerosi talenti, la sua versatilità,
l'abilità di rendere fecondi
i suoi svariati campi di interesse.

ASPETTI SUI CUI LAVORARE

Esercizi

Vivi il presente.

La tendenza del 7 è proiettersi verso il futuro.

Permetti a te stesso di vivere il presente senza stressarti pensando alle cose da fare o che potresti fare nel futuro.

Finisci un progetto che avevi iniziato prima di intraprenderne uno nuovo. Progetti in sospeso:

La farfalla sente il bisogno di esperienze nuove dimenticando ciò che ha già e ciò che ha appena ottenuto (Gola). Per lavorare sul vizio capitale bisogna fermarsi e pensare a ciò che si ha. Praticare quindi la **Gratitudine.**

Scrivi per cosa sei grato.

Gratitudine: apprezzare ciò che è presente nella tua vita, dalle persone a eventi o piccole cose quotidiane.

ASPETTI SUI CUI LAVORARE

Esercizio per riavvicinarsi al talento

Scrivi ciò che a primo impatto ti ha destabilizzato/a, situazioni che hai vissuto con malessere e trova il positivo anche in quello.

È gratitudine per la vita, gli avvenimenti e fiducia.

Es. Stamattina non ho fatto colazione dove volevo io e sono rimasto nervoso tutta la mattina.
....
Ma ho cambiato bar, ed ho incontrato quell' amico che non incontravo da tanto.
...
ma questo mi ha fatto riflettere sul fatto che posso diventare più organizzato.

ABBINAMENTI

Mestiere tipico
Comico, showman.
"Imprenditore presso me stesso".
Qualsiasi lavoro con orari flessibili e poca burocrazia o libero professionista (senza capo e orari).

Comunicazione: Esalta
Tono: Entusiasta, positivo. Aspro se arrabbiati.

Si **veste** in modo colorato, e non per forza in modo abbinato.

Metalinguaggio:
Parlano in modo veloce e vivace.
Sguardo vivace, sorridente.
Si distraggono facilmente, mentre gli stai parlando li vedi guardare in giro o interessarsi ad altre conversazioni.

Quando vorresti questo enneatipo al tuo fianco?
Per goderti le mille possibilità e vedere tutto sotto una luce più colorata. Quando ha bisogno di qualcuno che ti rallegri o incoraggi.

Frase tipica:
La vita è bella! Meraviglioso!

FILM
La vita è bella - Roberto Benigni 1997.
Elf, un elfo di nome Buddy (2003 di Jon Favreau)
"Mi piace sorridere, è la mia cosa preferita".

TELEFILM
Lorelai Gilmore - Una mamma per amica
Joey - Friends

CANZONE
Ragazzo fortunato - Jovanotti
Love my life - Robbie Williams
Happy - Alexia

CARTONE
Peter pan - Peter pan
Ariel - La sirenetta

SUPER EROE
Thor (2011 di Kenneth Branagh)

CRISTALLI:
Acquamarina: eterno Peter pan, lavora sulla parte fanciullesca con leggerezza.
Calcopirite: per rimanere focalizzati sul presente e non disperdersi nel fantasticare il futuro.

Vibes 7

Film

- [ ] _____
- [ ] _____
- [ ] _____
- [ ] _____
- [ ] _____
- [ ] _____

Cartoni

- [ ] _____
- [ ] _____
- [ ] _____
- [ ] _____
- [ ] _____
- [ ] _____

La mia playlist

- [ ] _____
- [ ] _____
- [ ] _____
- [ ] _____
- [ ] _____
- [ ] _____

- [ ] _____
- [ ] _____
- [ ] _____
- [ ] _____
- [ ] _____
- [ ] _____

forever young

7

COLORA SE SENTI TUA QUESTA FRASE.
QUALSIASI PERSONALITÀ TU SIA.

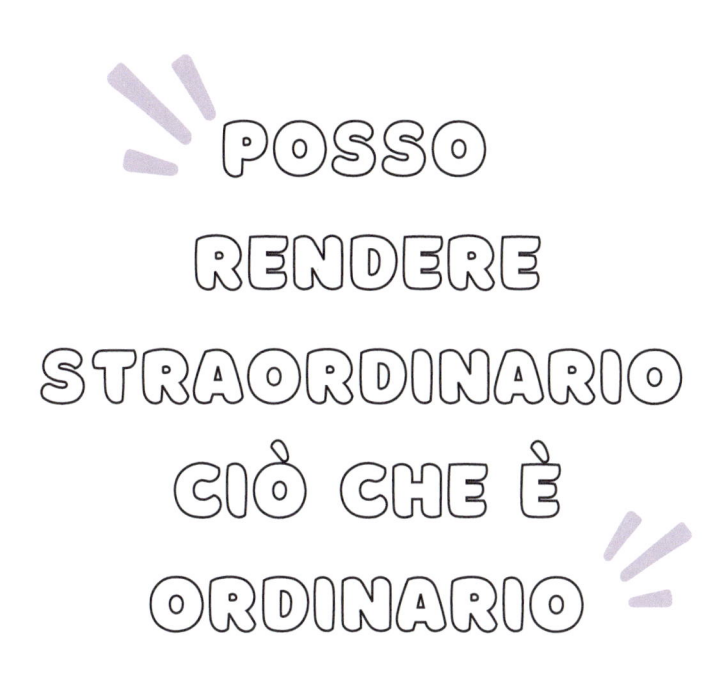

POSSO RENDERE STRAORDINARIO CIÒ CHE È ORDINARIO

COLORA SE SENTI TUA QUESTA FRASE.
QUALSIASI PERSONALITÀ TU SIA.

IL LEADER

Sono forte e temuto

So essere generoso con chi dico io

Controllo accuratamente il mio territorio

8

Talvolta la forza è l'unico modo per ottenere ciò che vuoi

Io comando o comunque non obbedisco

ENTHUSIASM

L'unica legge valida è quella che ti piace di più.

ENNEATIPO 8
IL CAPO

CARATTERISTICHE DI BASE

Forte, sicura e diretta, la base 8 è coraggiosa, sa imporre la propria volontà ed è capace di lottare per conquistare gli obbiettivi desiderati.

Si considera difensore della giustizia e prova orgoglio nel proteggere i più deboli e la sua cerchia dai pericoli. Egli è temerario e intrepido, non si scusa mai degli errori commessi perché ciò potrebbe apparire come una debolezza.

È una persona energica e autoritaria, pensa che litigando ci si capisca meglio ed il conflitto non lo spaventa. Comunica attraverso il confronto senza accorgersi che l'altro può sentirsi intimorito dai suoi modi. Affermazioni mirate e brusche, tono alto e passionale. Non nasconde mai il suo parere né il suo volere. Se prova rabbia la esprime immediatamente e senza remore.

E' cresciuto coltivando l'idea che il mondo sia minaccioso, ostile, una giungla dove si nascondono nemici da smascherare e affrontare.

Può assomigliare molto al 6 controfobico ma l'8 non ha senso di colpa, ha una struttura fisica pesante fin dall'infanzia ed è amnesico rispetto alle sue azioni a differenza del cane lupo. Nei rapporti interpersonali l'8 non ama abbassare la guardia, né dipendere emotivamente dall'altro.

TOTEM

Il mastino ha un aspetto poco rassicurante, è minaccioso ma può avere un cuore d'oro per coloro che sceglie come suoi protetti.

TANA DEL LUPO

La tana del lupo è il maltrattamento. L'atteggiamento che adotta inconsciamente è proprio aggredire prima che possano farlo a lui.

Questo potrà rendere il suo comportamento ancora più duro e schietto e tenderà ad ostentare forza ed essere dispotico.

Teme soprattutto la sottomissione, la debolezza, la fragilità e le emozioni che lo possono mettere alla mercé dell' altro.

Questo lo farà apparire aggressivo, rissoso e prepotente.

TALENTO

Determinazione - Passione.
Il talento dell'8 è la determinazione e l'impegno che utilizza per difendere le proprie idee o le persone di cui si sente responsabile controllando un suo territorio.
Energici e solidi, mettono passione in tutte le sfide che colgono.
Audaci e decisi stimolano queste capacità nelle persone che gli stanno accanto.
Non tergiversa e sa prendere facilmente decisioni e conseguenti responsabilità.

VIZIO CAPITALE

Il vizio dell'8 è la lussuria, intesa come eccedere in tutto.
Eccesso a tutti i costi.
Eccedere nelle emozioni, nelle reazioni, nelle azioni.
La lussuria ssottolinea l'essere preda dei "piaceri della carne".

ABBINAMENTI

FILM
Il padrino (1972 Francis Ford Coppola)
Agatha Trinciabue - Matilda sei mitica (1996 di Danny Devito)
Jordan - Little: la piccola boss
(2019 Regista: Tina Gordon Chism)

CANZONE
I've got the power - Snap
Fighter - Christina Aguilera

CARTONE
Rabbia - Inside out
La regina di cuori - Alice nel paese delle meraviglie

SUPER EROE
Mr. Incredible

CRISTALLI:
Lapislazzuli: pietra che dona controllo e resposabilità.
Tormalina rosa e verde: per il rispetto nei confronti degli altri.

Mestiere tipico
Il capo, il leader. Responsabile. Dirigente.

Comunicazione
Va dritto al punto, chiaro e conciso.
Tono: Deciso.

Si **veste** come meglio crede.

Metalinguaggio:
Sguardo indagatore e duro.
Forte presenza fisica, fisico impostato,
muscolatura solida.

Quando vorresti questo enneatipo al tuo fianco?
Per raggiungere obiettivi concreti, ti dona coraggio.
La sua grinta può diventare una grande risorse.
E quando desideri avere la certezza che qualcuno ti dica la verità di come stanno le cose e di cosa ne pensa.

Frase tipica
La vita è una giunga! E io devo combattere.

ASPETTI SUI CUI LAVORARE

Esercizi

Mostra la tua vulnerabilità.
Per la base 8 è difficile mostrare il loro lato morbido, ma questo permetterà di rafforzare il rapporto con le persone che ama.
Permetti agli altri di prendersi cura di te.

■■■■■■■■■■■■■■■■

Selezione delle battaglie.
Decidi quali "battaglie" vale veramente la pena intraprendere e lascia stare le altre, alza le spalle e sorridi. Investi l'energia in qualcosa di più importante. Non trasformare ogni discussione in un litigio. È possibile avere un'opinione diversa dalla tua.

Vibes 8

Film
- [ ] _____
- [ ] _____
- [ ] _____
- [ ] _____
- [ ] _____
- [ ] _____

Cartoni
- [ ] _____
- [ ] _____
- [ ] _____
- [ ] _____
- [ ] _____
- [ ] _____

La mia playlist
- [ ] _____
- [ ] _____
- [ ] _____
- [ ] _____
- [ ] _____
- [ ] _____

- [ ] _____
- [ ] _____
- [ ] _____
- [ ] _____
- [ ] _____
- [ ] _____

SONO FORTE ANCHE QUANDO MOSTRO I MIEI SENTIMENTI

COLORA SE SENTI TUA QUESTA FRASE.
QUALSIASI PERSONALITÀ TU SIA.

8

Stay Strong & Power On

COLORA SE SENTI TUA QUESTA FRASE.
QUALSIASI PERSONALITÀ TU SIA.

"L'umorismo non è rassegnato ma ribelle, rappresenta il trionfo non solo dell'Io, ma anche del principio del piacere, che qui sa affermarsi contro le avversità delle circostanze reali".

Sigmund Freud, Il motto di spirito e la sua relazione con l'inconscio, 1905

IL MEDIATORE

9

Sono pacifico

Sono buono

Non mi piace decidere

In verità io non so cosa voglio

Non mi piace dire di no alla gente

Spesso le cose si risolvono da sole

APPROVE

Piuttosto di dire di no, dico di sì e poi non lo faccio.

ENNEATIPO 9
IL MEDIATORE

CARATTERISTICHE DI BASE

Il delfino è tendenzialmente pacifico e mediatore, evita i conflitti e le tensioni, ricerca l'armonia, la concordia, il comfort.

È una persona accomodante che predilige l'armonia.

Può sembrare d'accordo anche quando non lo è.

Pacato e riflessivo sa facilmente mettersi nei panni degli altri. Ama la routine e mantenere le vecchie abitudini se funzionano. Ama i suoi hobby.

Crede fermamente che le situazioni spesso si risolvono da sole, soprattutto perchè non gli piace decidere nè prendere posizione.

Si adatta agli altri per evitare eventuali scontri.

È più facile per questa base sapere ciò che non vuole piuttosto che ciò che vuole.

Tuttavia per i suoi scopi sa inaspettatamente rivelarsi la base più testarda di tutte.

Durante una discussione tenderà ad usare la strategia del "muro di gomma".

Per esprimere il suo punto di vista (cosa di cui ha difficoltà) può usare il suo sarcasmo e umorismo.

Procrastina, non riesce a darsi priorità. Preferisce seguire uno schema e sarà anche molto diligente a seguirlo. Rimanda gli impegni e di solito inzia con le cose meno importanti ritrovandosi poi con poco tempo.

TOTEM

Il delfino è un cetaceo, amabile e buono che ama il comfort e la vita facile. Gli piace cogliere ciò che la vita offre lasciandosi trascinare dalle onde.
È giocherellone e rimane in gruppo.

TANA DEL LUPO

La sua tana del lupo è il conflitto.

"Va tutto bene", "non ho bisogno di niente", "tutto si sistemerà" queste sono le sue frasi rassicuranti.

Per evitare conflitti la strategia del 9 (inconscia) è adattarsi, quindi non dare problemi e spesso non esprimere la propria idea e opinione. Rimandare l'espressione di esse provocherà inevitabilmente un auto annullamento.

Poiché rispondere "no" può aprire un diverbio o una controversia, utilizzerà altre frasi interlocutorie o altri atteggiamenti per indicare la sospensione di una decisione che al momento non gli pare opportuna.

Apparirà inconcludente, rinunciatario o tra le nuvole.

Per evitare la tana del lupo, attua delle strategie, tutto per rimanere in armonia e non affrontare conflitti. La verità però è che non esprimendo la propria opinione genera comunque conflitti.

Meglio un piccolo conflitto subito che uno enorme posticipato. Accettare le piccole insidie.

TALENTO

Il talento del 9 è la mediazione.
Equilibrio ed inclusione.
Abile nel capire i punti salienti di una discussione, questo lo rende un ottimo mediatore.
È capace di vedere in ogni pensiero una validità con apertura e mancanza di giudizio e critica nei confronti degli altri.
Pensa che ogni opinione abbia il suo lato positivo.

VIZIO CAPITALE

Il vizio capitale della base 9 è l'accidia.
Inteso come "ormai".
"Tanto ormai non posso più farci nulla",
"tanto ormai sono le 11, la mattinata è andata".
Questo vizio capitale poi di conseguenza sfocia nel procrastinare di questa base.
In realtà può nascondere la paura di mostrarci e di scommettere su se stessi.
Questa personalità non è sicuramente famosa per la sua voglia di alzarsi al mattino per fare una corsa di 20km, ma non è neanche detto perchè invece potrebbe essere così se è questa la sua passione ed è questa passione che lo riesce a riaccendere e trascinarlo fuori dalla routine e dalla pigrizia che lo assale. Sa diventare molto pratico e concreto per ciò che vuole.

ABBINAMENTI

TELEFILM
Chidi Anagonye - The good Place

CANZONE
Don't Worry - Bob Marley
Que sera sera - Doris Day

CARTONE
Winnie the pooh
Aurora - La bella addormentata

SUPER EROE
Visione - Wanda e Visione

CRISTALLI:
Ametista: Lavora sulle dipendenze, crea armonia.
Apatite: Aiuta ad esprimere la propria opinione allontanando l'apatia.

Mestiere tipico
Insegnante di Yoga.

Comunicazione: Rilassato, calmo e dolce.
Tono: Pacato

Si **veste** in modo **comodo**.

Metalinguaggio:
Sorridente, magari un po' sulle nuvole, accomodante. Trasmette tranquillità.

Quando vorresti questo enneatipo al tuo fianco?
Quando desideri comprensione senza giudizio o per una serata in pigiama davanti alla tv.
Quando vuoi valutare più punti di vista in una situazione.

Frase tipica
"Scegli tu, per me è uguale", "come preferisci tu".
Oppure usa espressioni come "ehm", "mh" per evitare una vera risposta.

ASPETTI SUI CUI LAVORARE
Esercizi

Non lasciare in sospeso inviti / richieste.
Se non vuoi, rifiuta senza mentire.
Le persone che ti amano continueranno a farlo anche se non vai con loro a vedere un film o se non le aiuti a fare qualcosa che tu non vuoi.

Affronta le piccole insidie, nonostante la paura del conflitto. Inizia dicendo qualche no che temi di meno e ogni giorno prendi sempre più dimestichezza con questa pratica del NO!

Sono consapevole che è difficile e che cercherai di evitare anche questo esercizio quindi te ne scrivo un 3° più facile.

Non procrasticare, non rimandare, fallo subito.
Ti lascio anche lo spazio qui per agevolarti.

Scrivi 3 cose a cui recentemente hai detto di sì, o non hai risposto o lasciato <u>non chiara</u> la risposta e a cui vorresti dire di no oppure la tua opinione.
Ora se vuoi puoi provare a fare gli altri esercizi.

lista
dei NO
o delle opinioni da dire

- ☐ ....
- ☐ ....
- ☐ ....
- ☐ ....
- ☐ ....
- ☐ ....
- ☐ ....
- ☐ ....
- ☐ ....
- ☐ ....

Vibes

Film

- [ ] _____
- [ ] _____
- [ ] _____
- [ ] _____
- [ ] _____
- [ ] _____

Cartoni

- [ ] _____
- [ ] _____
- [ ] _____
- [ ] _____
- [ ] _____
- [ ] _____

La mia playlist

- [ ] _____
- [ ] _____
- [ ] _____
- [ ] _____
- [ ] _____
- [ ] _____

- [ ] _____
- [ ] _____
- [ ] _____
- [ ] _____
- [ ] _____
- [ ] _____

9

Peace & Love

COLORA SE SENTI TUA QUESTA FRASE.
QUALSIASI PERSONALITÀ TU SIA.

SONO AMATO ANCHE QUANDO DICO NO!

COLORA SE SENTI TUA QUESTA FRASE.
QUALSIASI PERSONALITÀ TU SIA.

COSA SI CHIEDONO

1
"COME POSSO MIGLIORARE?"

2
"CHI POSSO AIUTARE?"

3
"SONO ABBASTANZA BRAVO?"

4
"COME MI SENTO A RIGUARDO?"

5
"COSA PENSO A RIGUARDO?"

6
"HO VALUTATO TUTTE LE OPZIONI?"

7
"COME POSSO RENDERE TUTTO ANCORA PIÙ PIACEVOLE?"

8
"HO IL CONTROLLO?"

9
"SIAMO IN ARMONIA?"

DESIDERIO DI FONDO

1 : FARE TUTTO PER SENTIRSI PERFETTI.
Essere nel giusto.

2: FARE TUTTO PER SENTIRSI IN RELAZIONE.
Essere amato.

3: FARE TUTTO PER SENTIRSI IN VISTA.
Essere accettato.

4: FARE TUTTO PER SENTIRSI UNICI.
Comprendersi.

5: FARE TUTTO PER MANTENERE LA SUA PRIVACY.
Comprendere.

6: FARE TUTTO PER SENTIRSI SICURI.
Essere rassicurati.

7: FARE TUTTO PER SENTIRSI APPAGATI.
Sentirsi soddisfatti.

8: FARE TUTTO PER ESSERE POTENTE.
Essere qualcuno, avere il controllo.

9: FARE TUTTO PER ESSERE TRANQUILLI.
Rimanere in unione ed armonia.

SEI TROPPO SEVERO CON TE STESSO SE:

1

- Hai degli standard elevati e non realistici.
- Hai difficoltà ad esprimere i tuoi sentimenti e bisogni.
- Ti aspetti la perfezione da te stesso ma anche dagli altri.

2

- Hai una bassa autostima.
- Non festeggi mai i tuoi successi
- Tendi a procrastinare i tuoi progetti per aiutare gli altri.

3

- Non ti godi mai i risultati ottenuti passando subito al prossimo obiettivo.
- Sembri instancabile.
- Non ti fermi neanche quando stai male.
- Sei focalizzato solo sul risultato.

4

- Ti senti spesso criticato, osservato e giudicato.
- Quando sbagli pensi che sia la conferma della tua sentita inadeguatezza.
- Ti butti giù se non raggiungi ciò che desideravi/idealizzavi.

5

- Allontani i traguardi per paura di non raggiungerli.
- Spendi troppo tempo in dettagli irrilevanti.
- Non condivi le tue idee, perché non credi che gli altri siano meritevoli.

6

- Ti confronti per paura di sbagliare.
- Ti perdi nei tuoi pensieri e preoccupazioni a discapito dell'azione.
- Pretendi troppo da te stesso.

7

- Pensi di aver fallito in tutto.
- Hai stabilito uno standard irrealistico di felicità.
- Non sei soddisfatto dei successi che ottieni.

8

- Ti soffermi su sbagli che gli altri neanche notano.
- Tieni il controllo della tua vita professionale e amorosa.
- Sei convinto di sapere solo tu come si fanno le cose nel modo giusto.

9

- Aspetti sempre che ci sia il momento giusto per iniziare a fare qualcosa.
- Lotti per fare le cose in tempo.
- Ti preoccupi così tanto di far bene e nel modo giusto una cosa che finisci per non farla proprio.

EQUILIBRIO E STRESS

SEGNALI DI STRESS:

Caratteristiche che acquisiscono sotto stress:
I difetti diventano accentuati.

Aspetti negativi del secondo freccia, quando si lasciano "trascinare dalla corrente".

GUARDA
1 se ti ritrovi in 7
2 se ti ritrovi in 4
3 se ti ritrovi in 6
4 se ti ritorvi in 1
5 se ti ritrovi in 8
6 se ti ritrovi in 9
7 se ti ritrovi in 5
8 se ti ritrovi in 2
9 se ti ritrovi in 3

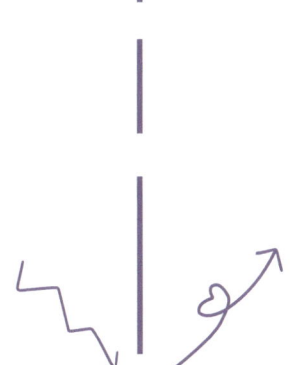

IN EQUILIBRIO:

Cosa possono fare per ritrovare energia.

Aspetti positivi che prendono quando hanno energia e riescono ad andare controfreccia.

GUARDA
1 se ti ritrovi in 4
2 se ti ritrovi in 8
3 se ti ritrovi in 9
4 se ti ritorvi in 2
5 se ti ritrovi in 7
6 se ti ritrovi in 3
7 se ti ritrovi in 1
8 se ti ritrovi in 5
9 se ti ritrovi in 6

1

IN STRESS:

Giudicano
Provano Risentimento
Non esprimono emozioni.
Fissati sui dettagli
Inflessibili - Intolleranti
Altezzosi
Credono che la loro via sia l'unica giusta.

IN EQUILIBRIO:

Saggio
Equilibrato
Perspicace
Paziente
Sa perdonare
Responsabile
Stimolante
Ha un forte senso di ciò che è giusto e sbagliato.

PUÒ PRENDERE ASPETTI NEGATIVI DELLA BASE 4

Pensa che non ci sia nessuno disponibile a capirlo. Perde la capacità di trovare soluzioni.

PUÒ PRENDERE ASPETTI POSITIVI DELLA BASE 7

Sa prendersi meno sul serio e divertirsi. Sperimenta la vita senza cercare la perfezione.

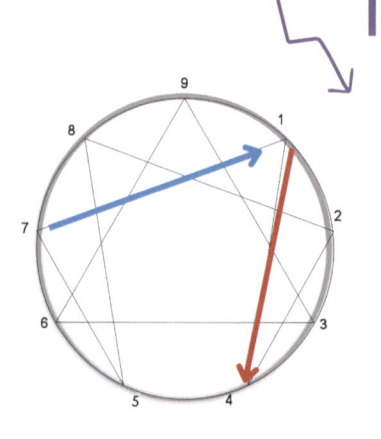

COSA FARE :
Fare una passeggiate nella natura.
Passare del tempo con le persone che ami.
Guardare film leggeri e divertenti.

IN STRESS:

Superbo (percepire se stessi in modo eccessivamente favorevole, percezione distorta di sè stessi)
Si autoinganna
Manipolativo
Sentirtisi male
Non si piace
Procrastinare

PUÒ PRENDERE ASPETTI NEGATIVI DELLA BASE 8

Utilizza i sensi di colpa per far fare alle persone ciò che desidera
Prova a negare i suoi sentimenti.
È aggressivo.

IN EQUILIBRIO:

Umile
Altruista
Generoso
Riconosce i confini
Amabile adattabile
Nutritivo
Compassionevole
Premuroso

PUÒ PRENDERE ASPETTI POSITIVI DELLA BASE 4

Creativo.
Empatico senza invadenza.
Sente i suoi sentimenti e bisogni.

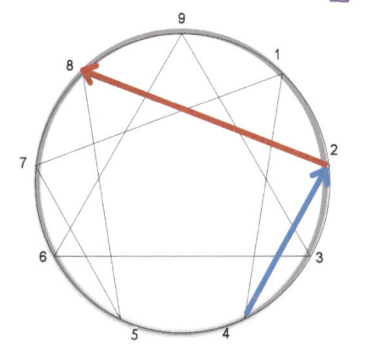

COSA FARE :

Lasciar fluire la creatività.
Scrivere, leggere o ballare.
Esprimersi.
Fare qualcosa
solo per se stessi.

3

IN STRESS:

Diventare Stacanovista, esiste solo il lavoro.
Eccessivamente competitivo.
Diffidente.
Scontroso.
Inganna anche se stesso.

IN EQUILIBRIO:

Si accetta.
Energico.
Ambizioso.
Vede il valore nel solo essere.
Caritatevole.

PUÒ PRENDERE ASPETTI NEGATIVI DELLA BASE 9

Pigro.
Non si sa riprendere dopo una sconfitta.

PUÒ PRENDERE ASPETTI POSITIVI DELLA BASE 6

Sa prendersi i tempi giusti e considera anche le esigenze del gruppo oltre alle sue.
Leale e fedele.

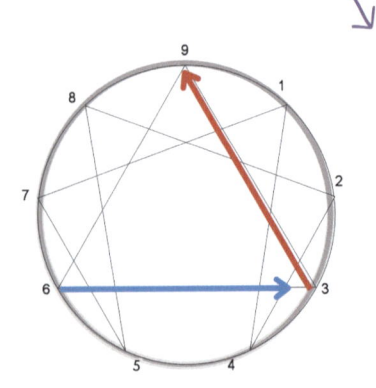

COSA FARE :

Godersi il momento.
Pianificare solo la giornata o non pianificare.
Provare qualcosa di nuovo.

4

IN STRESS:

Diventare umorale.
Assorto da sè. Ritirato.
Assente al presente.
Velo di vittimismo per le
sue sofferenze.

IN EQUILIBRIO:

Creativo.
Sensibile.
Onesto.
Intuitivo.
Compassionavole.

PUÒ PRENDERE ASPETTI NEGATIVI DELLA BASE 2
Invadente.
Si sente una
vittima sfruttata e
non considerata.

PUÒ PRENDERE ASPETTI POSITIVI DELLA BASE 1

Riesce a utilizzare la
precisione e
l'organizzazione per
compiere azioni.

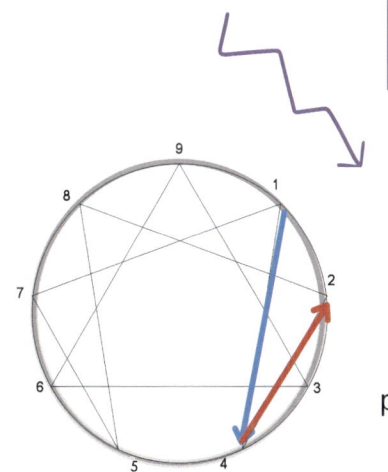

COSA FARE :

Passare del tempo fuori.
Dedicarsi ai sogni/idee e
progetti che ha nel cassetto e
realizzarli.

IN STRESS:

Dormire o essere assorbiti da tv.
Voler smentire gli altri con saccenza.
Escludere tutti.

PUÒ PRENDERE ASPETTI NEGATIVI DELLA BASE 7

Istintivo.
Fra le nuvole.
Inconcludente.
Disinteressato.
Misantropo.

5

IN EQUILIBRIO:

Osserva e può anche voler partecipare.
Indipendente.
Innovativo.

PUÒ PRENDERE ASPETTI POSITIVI DELLA BASE 8

Sa prendersi le sue responsabilità e il controllo della sua vita.
Può essere una persona incisiva e decisa.

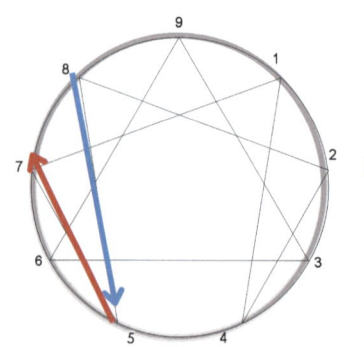

COSA FARE :
Leggere libri.
Passare del tempo a contatto con la natura.
Prendersi responsabilità e in mano la propria giornata.

6

IN STRESS:

Essere oberati di lavoro.
Persi nei labirinti di pensieri.
Immaginare gli scenari più disastrosi.
Isolarsi.
Cinico e scontroso.

PUÒ PRENDERE ASPETTI NEGATIVI DELLA BASE 3

Competitivo.
Ossessivo con i risultati.
Distaccato emotivamente.
Tendenza a strafare.

IN EQUILIBRIO:

Leale e fedele.
Sicuro.
Coraggioso.
Comprensivo.

PUÒ PRENDERE ASPETTI POSITIVI DELLA BASE 9

Fiducia nella vita e negli eventi. Sente la sicurezza per affrontare gli imprevisti.

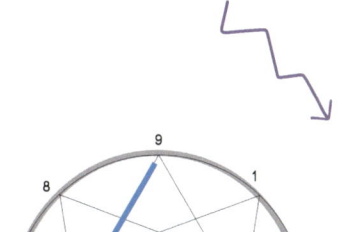

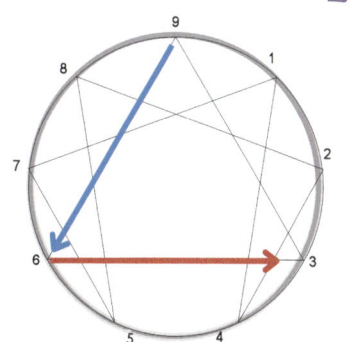

COSA FARE :
Ripetiti frasi rassicuranti.
Confrontati ed apriti con chi ti fidi.

7

IN STRESS:

Ignora i problemi e situazioni invece di affrontarle.
Avere un programma pieno senza spazi.
Innaffidabile (si sottrae dai doveri)
Irrequieto.
Incapace di dire di no.
Inconcludente.

PUÒ PRENDERE ASPETTI NEGATIVI DELLA BASE 1

Diventa critico ed intollerante.
Si confronta e paragona con gli altri.

IN EQUILIBRIO:

Grato. Pratico.
Accetta la vita così com'è
Gioioso. Resiliente.
Capace di sentire ed accettare il dolore.
Produttivo.
Entusiasta e talentuoso in più settori.

PUÒ PRENDERE ASPETTI POSITIVI DELLA BASE 5

Riflessivo.
Va in profondità.
Meno dispersivo.
Saper stare nel presente senza pensare al futuro.

COSA FARE :
Cercare amici con cui confidarsi.
Fare una lista di cose da fare/portare a termine.
Non fare niente ma passeggiare.

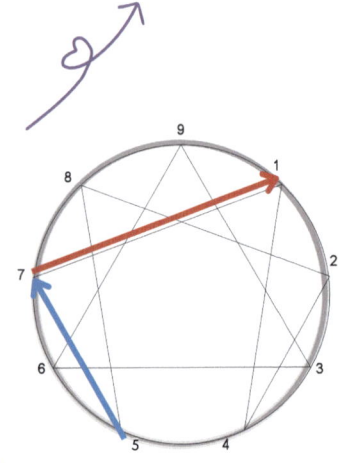

8

IN STRESS:

Provocare.
Riprendere aspramente.
Sferzare.
Combattere per aver il controllo.
Usare le debolezze degli altri.

IN EQUILIBRIO:

Comprende il potere nella vulnerabilità.
Misericordioso.
Responsabile.
Visionario.
Autotrattenuto.
"Eroe" per chi ne ha bisogno.

PUÒ PRENDERE ASPETTI NEGATIVI DELLA BASE 5

Solitario.
Disinteressato.
Rude.

PUÒ PRENDERE ASPETTI POSITIVI DELLA BASE 2

Presente.
Disponibile.
Generoso.

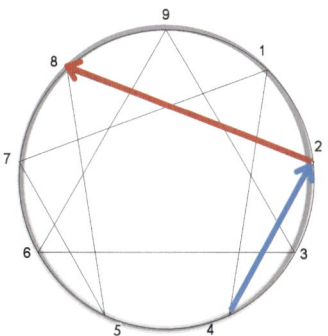

COSA FARE :

Canalizzare energia con lo sport.
Esercitarsi a rimanere connessi con le proprie emozioni.

IN STRESS:

Ritirarsi.
Chiudersi in sè.
Procrastinare.
Non riconoscere le priorità.
Diventare aggressivo passivo.

PUÒ PRENDERE ASPETTI NEGATIVI DELLA BASE 6

Insicuro, pauroso e ansioso.
Sente di non riuscire ad affrontare nessun problema.
Dipendente.
Ostinato.

IN EQUILIBRIO:

Autonomi.
Sinceri con se stessi.
Pazienti.
Inclusivi.
Vedono il valore nelle prospettive degli altri.
Flessibili.
Accogliente.

PUÒ PRENDERE ASPETTI POSITIVI DELLA BASE 3

Può diventare efficiente quando è focalizzato su un obiettivo.

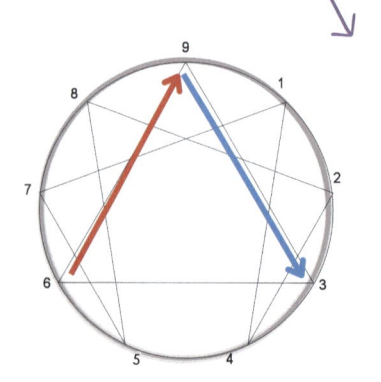

COSA FARE :

Meditare.
Ascoltarsi.
Programmare qualcosa che si desidera da tanto e farla subito .

OGNI GIORNO

OGNI GIORNO
COMPORTATI CON TE STESSO
COME UNA
MAMMA AMOREVOLE
CHE NON GIUDICA
NON PRETENDE
NON RICATTA
NON TIENE I CONTI
NON SOTTOLINEA GLI ERRORI.

OGNI GIORNO
AMATI
SII ORGOGLIOSO DI TE
PER CIÒ CHE FAI E CIÒ CHE SEI

GUARDATI CON GLI OCCHI PIENI DI
AMORE
COSÌ VEDRAI QUANTO SEI SPECIALE

NON AFFANNARTI
RESPIRA

OGNI GIORNO AMATI

QUANDO SEI DURO CON TE STESSO
CHIUDI GLI OCCHI E RICHIAMA A TE LA
TUA MAMMA INTERIORE E LASCIA A LEI I
TUOI DUBBI
APRIGLI OCCHI E TORNA
INCONDIZIONATAMENTE
A BRILLARE.

mommy

BIBLIOGRAFIA

- Enneagramma per tutti - M. Cusani - Red
- Enneagramma, i Nove abitanti della Terra – Luca Giorgetti - Macro Edizioni
- Scopri chi sei con l'enneagramma - M.Cusani- Riza
- Enneagramma di coppia - M.Cusani- Nuova ipsa
- Conoscersi per cambiare. Intelligenza emotiva ed enneagramma per riorientare la propria vita e interpretare quella degli altri. - Mario Sikora
- Carattere e nevrosi. L'enneagramma dei tipi psicologici. Claudio Naranjo - Astrolabio
- Enneagramma Principi di base. Karen A. Webb - Armenia
- Definizioni da Oxford Language

INDICE

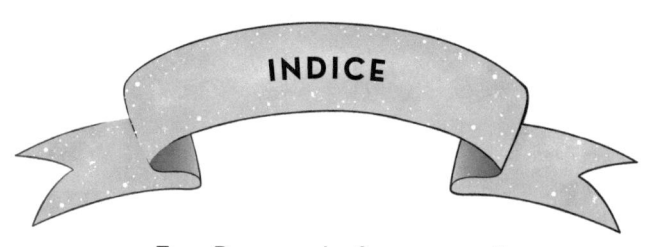

Faq Domande frequenti 5
Introduzione 6
Cosa aspettarsi da questa disciplina 7
Iniziamo da te 8
Struttura libro 10
Cos'è l'enneagramma 12
Ali e frecce 15
Il Sapore 20
Test emozionale 23

Base 1 Il perfezionista 26
Base 2 Il donativo 42
Base 3 Il pragmatico 58
Base 4 Il romantico 74
Base 5 L'osservatore 88
Base 6 Il leale 102
Base 7 L' entusiasta 118
Base 8 Il capo 132
Base 9 Il mediatore 146

Cosa si chiedono 160
Desiderio di fondo 161
Sei troppo serio con te stesso se... 162
Equilibrio e stress 164

Mi auguro che questo libro ti sia piaciuto e che possa essere l'inizio o una parte del tuo percorso alla scoperta del tuo mondo interiore.

Sarò lieta di ricevere i tuoi feedback o pensieri. Per dubbi o per chiarimenti sentiti libero di scrivermi.

Se desideri partecipare ai miei corsi online e dal vivo contattami, sarò grata di conoscerti.

✉ Morgana.marchio@gmail.com

◉ Morgana.naturopata

Made in the USA
Columbia, SC
06 August 2024